大方廣佛華嚴經

일러두기

1. 『대방광불화엄경 강설』원문原文의 저본底本은 근세에 교정이 가장 잘 되었다고 정평이 나 있는 대만臺灣의 불타교육기금회佛陀教育基金會에서 출판한『화엄경소초華嚴經疏鈔』본입니다.

2. 『대방광불화엄경 강설』은 실차난타實叉難陀가 695년부터 699년까지 4년에 걸쳐 번역해 낸 80권본卷本『대방광불화엄경』을 우리말로 옮기고 강설을 붙인 것입니다.

3. 『대방광불화엄경』은 애초 산스크리트에서 한역漢譯된 경전이지만 현재 산스크리트본은 소실된 상태입니다. 산스크리트를 음차한 경우 굳이 원래 소리를 표기하려고 하기보다는 『표준국어대사전』이나 『불교사전』등에 등재된 한자음을 사용하는 것을 원칙으로 하였습니다.

4. 경문의 한글 번역은 동국역경원본을 참고하여 그대로 또는 첨삭을 하며 의미대로 번역하고 다듬었습니다.

5. 각 품마다 내용에 따라 단락을 나누고 제목을 달았습니다. 단락의 제목은 주로 청량淸凉스님의 견해에 기초하였고 이통현李通玄장자의 견해를 참고로 하였습니다.

6. 『대방광불화엄경 강설』의 발행 순서는 한역 경전의 편재 순서를 기준으로 하였고 각 권은 단행본 한 권씩으로 출간될 예정이며 모두 80권으로 완간됩니다. 다만 80권본에 빠져 있는 「보현행원품」은 80권본 완역 및 강설 후 시리즈에 포함돼 추가될 예정입니다.

7. 『대방광불화엄경 강설』안에서 불교용어를 풀이한 것은 운허스님이 저술하고 동국역경원에서 편찬한 『불교사전』을 인용하였습니다.

8. 각주의 청량스님의 소疏는 대만에서 입력한 大方廣佛華嚴經 사이트의 것을 사용하였습니다.

9. 『대방광불화엄경 강설』입법계품에 들어가는 문수지남도는 북송北宋시대 불국佛國선사가 선재동자가 53명의 선지식을 친견하여 법을 구하는 장면을 하나하나 그림으로 그린 것입니다.

대방광불화엄경 강설
제 42 권

二十七. 십정품十定品 3

실차난타實叉難陀 한역
무비스님 강설

서문

영명연수永明延壽선사는 『만선동귀집萬善同歸集』에서 수행자가 보리심을 발하여 불도佛道를 구하려고 육바라밀 등 여러 가지 수행을 하더라도 치우치거나 집착하지 말고 원융자재하게 하도록 이와 같이 가르치셨습니다.

"보리심을 발하되 발하는 것 없이 발할 것이며
불도佛道를 구하되 구하는 것 없이 구할지니라.
미묘한 수행은 행하는 것 없이 행하며
참다운 지혜는 짓는 것 없이 저절로 짓느니라.

연민의 마음을 일으키되 나와 한몸임을 깨닫고
인자함을 행하되 인연이 없는 곳까지 깊이 이르라.
주는 바 없이 보시를 행하며
지키는 바 없이 계를 지키라.

정진을 닦되 한 생각도 일어나지 않음을 알고
인욕을 닦되 손상됨이 없음을 알라.
반야는 경계가 생멸이 없음을 아는 것이며
선정은 마음이 머물지 않음을 아는 것이다.

몸이 없음을 보되 모양을 잘 갖추고
말할 것이 없는 이치를 알고 법을 설하라.
물에 비친 달그림자와 같은 도량을 건립하고
본성이 텅 빈 세상을 잘 장엄하라.

환영과 같은 공양거리를 많이 장만하여
그림자와 같은 여래에게 공양 올리라.
참회는 죄가 본래 없는 줄을 알고 하며
법신은 영원하지만 오래 머물기를 권청하라.

회향은 얻을 것이 없는 줄을 알고 하며
누구에게나 복은 진여와 같지만 따라서 기뻐하라.
남을 찬탄하나 너도 나도 텅 비어 없는 것,
부처님과 중생이 평등함을 발원하고

그림자와 같은 법회에 예배하고 동참하며
도량을 거닐되 발은 늘 허공을 밟으라.
향을 사르되 생멸이 없는 이치를 잘 알고
경전을 독송하되 존재의 실상을 깊이 통달하라.

꽃을 뿌리는 것은 집착이 없는 이치를 나타내는 것이며
손가락을 튕기는 것은 번뇌를 버리는 것을 표현한 것이다.
메아리와 같은 육바라밀을 행하고
허공 꽃과 같은 만 가지 덕행을 닦으라.

인연으로 생멸하는 성품 바다에 깊이 들어가
환영과 같은 법문에서 항상 노닐라.
본래 물들지 않는 번뇌를 맹세코 끊어
유심정토에 태어나기를 발원하라.

실제적인 이치의 땅을 밟고
얻을 것이 없는 관법의 문[觀門]에 출입하라.
거울에 비친 그림자와 같은 마군을 항복받으며
꿈속의 불사佛事를 크게 지으라.

환영과 같은 중생들을 널리 제도하여
적멸한 보리를 다 함께 증득하라."

2016년 4월 15일
신라 화엄종찰 금정산 범어사

如天 無比

대방광불화엄경 목차

제1권	1. 세주묘엄품世主妙嚴品 [1]	제18권	18. 명법품明法品
제2권	1. 세주묘엄품世主妙嚴品 [2]	제19권	19. 승야마천궁품昇夜摩天宮品
제3권	1. 세주묘엄품世主妙嚴品 [3]		20. 야마천궁게찬품夜摩天宮偈讚品
제4권	1. 세주묘엄품世主妙嚴品 [4]		21. 십행품十行品 [1]
제5권	1. 세주묘엄품世主妙嚴品 [5]	제20권	21. 십행품十行品 [2]
제6권	2. 여래현상품如來現相品	제21권	22. 십무진장품十無盡藏品
제7권	3. 보현삼매품普賢三昧品	제22권	23. 승도솔천궁품昇兜率天宮品
	4. 세계성취품世界成就品	제23권	24. 도솔궁중게찬품兜率宮中偈讚品
제8권	5. 화장세계품華藏世界品 [1]		25. 십회향품十廻向品 [1]
제9권	5. 화장세계품華藏世界品 [2]	제24권	25. 십회향품十廻向品 [2]
제10권	5. 화장세계품華藏世界品 [3]	제25권	25. 십회향품十廻向品 [3]
제11권	6. 비로자나품毘盧遮那品	제26권	25. 십회향품十廻向品 [4]
제12권	7. 여래명호품如來名號品	제27권	25. 십회향품十廻向品 [5]
	8. 사성제품四聖諦品	제28권	25. 십회향품十廻向品 [6]
제13권	9. 광명각품光明覺品	제29권	25. 십회향품十廻向品 [7]
	10. 보살문명품菩薩問明品	제30권	25. 십회향품十廻向品 [8]
제14권	11. 정행품淨行品	제31권	25. 십회향품十廻向品 [9]
	12. 현수품賢首品 [1]	제32권	25. 십회향품十廻向品 [10]
제15권	12. 현수품賢首品 [2]	제33권	25. 십회향품十廻向品 [11]
제16권	13. 승수미산정품昇須彌山頂品	제34권	26. 십지품十地品 [1]
	14. 수미정상게찬품須彌頂上偈讚品	제35권	26. 십지품十地品 [2]
	15. 십주품十住品	제36권	26. 십지품十地品 [3]
제17권	16. 범행품梵行品	제37권	26. 십지품十地品 [4]
	17. 초발심공덕품初發心功德品	제38권	26. 십지품十地品 [5]

제39권	26. 십지품十地品 [6]		제58권	38. 이세간품離世間品 [6]
제40권	27. 십정품十定品 [1]		제59권	38. 이세간품離世間品 [7]
제41권	27. 십정품十定品 [2]		제60권	39. 입법계품入法界品 [1]
제42권	**27. 십정품 十定品 [3]**		제61권	39. 입법계품入法界品 [2]
제43권	27. 십정품十定品 [4]		제62권	39. 입법계품入法界品 [3]
제44권	28. 십통품十通品		제63권	39. 입법계품入法界品 [4]
	29. 십인품十忍品		제64권	39. 입법계품入法界品 [5]
제45권	30. 아승지품阿僧祇品		제65권	39. 입법계품入法界品 [6]
	31. 여래수량품如來壽量品		제66권	39. 입법계품入法界品 [7]
	32. 보살주처품菩薩住處品		제67권	39. 입법계품入法界品 [8]
제46권	33. 불부사의법품佛不思議法品 [1]		제68권	39. 입법계품入法界品 [9]
제47권	33. 불부사의법품佛不思議法品 [2]		제69권	39. 입법계품入法界品 [10]
제48권	34. 여래십신상해품如來十身相海品		제70권	39. 입법계품入法界品 [11]
	35. 여래수호광명공덕품 如來隨好光明功德品		제71권	39. 입법계품入法界品 [12]
			제72권	39. 입법계품入法界品 [13]
제49권	36. 보현행품普賢行品		제73권	39. 입법계품入法界品 [14]
제50권	37. 여래출현품如來出現品 [1]		제74권	39. 입법계품入法界品 [15]
제51권	37. 여래출현품如來出現品 [2]		제75권	39. 입법계품入法界品 [16]
제52권	37. 여래출현품如來出現品 [3]		제76권	39. 입법계품入法界品 [17]
제53권	38. 이세간품離世間品 [1]		제77권	39. 입법계품入法界品 [18]
제54권	38. 이세간품離世間品 [2]		제78권	39. 입법계품入法界品 [19]
제55권	38. 이세간품離世間品 [3]		제79권	39. 입법계품入法界品 [20]
제56권	38. 이세간품離世間品 [4]		제80권	39. 입법계품入法界品 [21]
제57권	38. 이세간품離世間品 [5]		제81권	40. 보현행원품普賢行願品

대방광불화엄경 강설 제42권

二十七. 십정품十定品 3

5. 열 가지 큰 삼매를 설하다
 8) 일체중생차별신 대삼매 ·· 14
  (1) 삼매에 머물면 열 가지 집착이 없게 된다 ················· 14
  (2) 삼매에 들고 삼매에서 일어남 ································ 16
   1〉 몸과 몸에서 들고 일어나다 ·························· 16
   2〉 육취에서 서로 들고 일어나다 ······················· 18
   3〉 하나와 많은 몸에서 서로 들고 일어나다 ············ 19
   4〉 사주세계에서 서로 들고 일어나다 ·················· 20
   5〉 사대종에서 서로 들고 일어나다 ····················· 22
   6〉 여러 세계에서 서로 들고 일어나다 ················· 24
   7〉 많고 많은 중생에서 서로 들고 일어나다 ············ 26

8〉 육근에서 서로 들고 일어나다 ················ 30

　　9〉 갖가지 종류에서 서로 들고 일어나다 ············ 31

　　10〉 비유로써 밝히다 ····················· 33

　(3) 삼매의 이익을 밝히다 ···················· 39

　　1〉 열 가지 칭찬하는 법으로 칭찬하다 ············· 39

　　2〉 열 가지 광명을 얻어 비추게 되다 ············· 42

　　3〉 열 가지 지을 것 없음을 얻다 ··············· 45

　(4) 한량없는 경계의 가지가지 차별 ················ 46

　(5) 경계의 자재함을 여섯 가지로 비유하다 ············· 49

　(6) 열 가지 신통의 피안에 이르다 ················ 62

9) 법계자재 대삼매 ·························· 66

　(1) 삼매의 이름과 들어가는 곳 ·················· 66

　(2) 삼매의 공용을 밝히다 ···················· 68

　(3) 삼매의 이익을 밝히다 ···················· 74

　　1〉 21종의 십천억 이익 ···················· 74

　　2〉 열 가지 공덕이 있다 ···················· 76

　　3〉 모든 부처님께서 섭수하는 이익 ·············· 78

4〉 모든 부처님이 보호하고 염려해 주는 이익 ········ 84
5〉 열 가지 바다를 얻는 이익 ····························· 87
6〉 열 가지 수승함을 얻는 이익 ························· 90
7〉 열 가지 힘을 얻는 이익 ································ 92
8〉 능히 잘하는 이익 ·· 98
9〉 열 가지 변제를 설할 수 없는 이익 ················ 99
10〉 열 가지 다 설할 수 없는 것의 이익 ············· 100
11〉 한량없는 모든 삼매를 다 아는 이익 ············ 101
(4) 비유를 들어 밝히다 ·· 103
(5) 비유에 대하여 열일곱 가지 문으로 합하여 밝히다 ··· 115
(6) 두 가지 행에 걸림이 없음을 나타내어 맺다 ············ 142

부언 ··· 160

대방광불화엄경 강설

제42권

二十七. 십정품 3

5. 열 가지 큰 삼매를 설하다

8) 일체중생차별신一切衆生差別身 대삼매

(1) 삼매에 머물면 열 가지 집착이 없게 된다

佛子야 云何爲菩薩摩訶薩의 一切衆生差別身三昧오 佛子야 菩薩摩訶薩이 住此三昧에 得十種無所着하나니 何者가 爲十고 所謂於一切刹에 無所着하며 於一切方에 無所着하며 於一切劫에 無所着하며

"불자여, 어떤 것을 보살마하살의 일체 중생의 차별

한 몸 삼매라 하는가. 불자여, 보살마하살이 이 삼매에 머물면 열 가지 집착이 없음을 얻느니라. 무엇이 열인가. 이른바 온갖 세계에 집착이 없고, 온갖 방위에 집착이 없고, 온갖 겁에 집착이 없고,

於一切衆에 無所着하며 於一切法에 無所着하며 於一切菩薩에 無所着하며 於一切菩薩願에 無所着하며 於一切三昧에 無所着하며 於一切佛에 無所着하며 於一切地에 無所着이니 是爲十이니라

온갖 대중에게 집착이 없고, 온갖 법에 집착이 없고, 온갖 보살에게 집착이 없고, 온갖 보살의 원願에 집착이 없고, 온갖 삼매에 집착이 없고, 온갖 부처님께 집착이 없고, 온갖 지위에 집착이 없나니, 이것이 열이니라."

십정품十定品 중에서 세 번째 권이다. 열 가지 삼매 중에

여덟 번째 일체 중생의 차별한 몸[一切衆生差別身] 삼매다. 보살이 이 삼매에 머물면 열 가지 집착 없음을 얻는다. 온갖 세계에 집착이 없고, 온갖 방위에 집착이 없고, 온갖 겁에 집착이 없는 것 등이다.

(2) 삼매에 들고 삼매에서 일어남

1〉 몸과 몸에서 들고 일어나다

佛子야 菩薩摩訶薩이 於此三昧에 云何入이며 云何起오 佛子야 菩薩摩訶薩이 於此三昧에 內身入하야 外身起하며 外身入하야 內身起하며 同身入하야 異身起하며 異身入하야 同身起하며

"불자여, 보살마하살이 이 삼매에 어떻게 들어가고 어떻게 일어나는가. 불자여, 보살마하살이 이 삼매에 안 몸[內身]으로 들어가 바깥 몸에서 일어나고, 바깥 몸으로

들어가 안 몸에서 일어나며, 같은 몸으로 들어가 다른 몸에서 일어나고, 다른 몸으로 들어가 같은 몸에서 일어나며,

人身入_{하야} 夜叉身起_{하며} 夜叉身入_{하야} 龍身起_{하며} 龍身入_{하야} 阿修羅身起_{하며} 阿修羅身入_{하야} 天身起_{하며} 天身入_{하야} 梵王身起_{하며} 梵王身入_{하야} 欲界身起_{하나니라}

사람의 몸으로 들어가 야차의 몸에서 일어나고, 야차의 몸으로 들어가 용의 몸에서 일어나며, 용의 몸으로 들어가 아수라의 몸에서 일어나고, 아수라의 몸으로 들어가 천신의 몸에서 일어나며, 천신의 몸으로 들어가 범왕의 몸에서 일어나고, 범왕의 몸으로 들어가 욕심세계[欲界]의 몸에서 일어나느니라."

보살이 일체 중생의 차별한 몸 삼매에 머물면서 들어가고 일어나는 온갖 작용을 낱낱이 밝혔다. 안 몸과 바깥 몸과 같은 몸과 다른 몸과 사람의 몸과 야차의 몸과 용의 몸과 아수라의 몸 등에서 서로서로 원융하게 들어가고 일어남을 밝혔다.

2〉 육취六趣에서 서로 들고 일어나다

天中入하야 **地獄起**하며 **地獄入**하야 **人間起**하며 **人間入**하야 **餘趣起**하니라

"천상에서 들어가 지옥에서 일어나고, 지옥에서 들어가 인간에서 일어나며, 인간에서 들어가 다른 갈래에서 일어나느니라."

하늘과 지옥과 인간과 그리고 나머지 온갖 갈래에서 들어가고 일어나는 등 어떤 공간에서도 장애가 없는 호상원융

互相圓融의 삼매 작용을 밝혔다.

3) 하나와 많은 몸에서 서로 들고 일어나다

千身入하야 一身起하며 一身入하야 千身起하며 那由他身入하야 一身起하며 一身入하야 那由他身起하나니라

"일천 몸에서 들어가 한 몸에서 일어나고, 한 몸에서 들어가 일천 몸에서 일어나며, 나유타 몸에서 들어가 한 몸에서 일어나고, 한 몸에서 들어가 나유타 몸에서 일어나느니라."

많고 적음이 서로서로 원융하게 삼매에 들어가고 일어남을 밝혔다.

4〉 사주四洲세계에서 서로 들고 일어나다

閻浮提眾生眾中入_{하야} 西瞿陀尼眾生眾中起하며 西瞿陀尼眾生眾中入_{하야} 北拘盧眾生眾中起하며 北拘盧眾生眾中入_{하야} 東毘提訶眾生眾中起하며 東毘提訶眾生眾中入_{하야} 三天下眾生眾中起하며

"염부제 중생들 가운데서 들어가 서구타니西瞿陀尼 중생들 가운데서 일어나고, 서구타니 중생들 가운데서 들어가 북구로北拘盧 중생들 가운데서 일어나며, 북구로 중생들 가운데서 들어가 동비제하東毘提訶 중생들 가운데서 일어나고, 동비제하 중생들 가운데서 들어가 삼천하三天下 중생들 가운데서 일어나며,

三天下衆生衆中入하야 四天下衆生衆中起하며

四天下衆生衆中入하야 一切海差別衆生衆中起하며

一切海差別衆生衆中入하야 一切海神衆中起하니라

삼천하 중생들 가운데서 들어가 사천하 중생들 가운데서 일어나고, 사천하 중생들 가운데서 들어가 일체 바다 차별한 중생들 가운데서 일어나며, 일체 바다 차별한 중생들 가운데서 들어가 일체 바다 신장들 가운데서 일어나느니라."

보살이 일체 중생의 차별한 몸 삼매에 머물며 공간적으로 동서남북 사주四洲세계에서 서로 삼매에 들고 일어나는 것을 밝혔다.

5〉 사대종四大種에서 서로 들고 일어나다

一切海神衆中入하야 一切海水大中起하며 一切海水大中入하야 一切海地大中起하며 一切海地大中入하야 一切海火大中起하며

"일체 바다 신장들 가운데서 들어가 일체 바다 수대水大 가운데서 일어나고, 일체 바다 수대 가운데서 들어가 일체 바다 지대地大 가운데서 일어나며, 일체 바다 지대 가운데서 들어가 일체 바다 화대火大 가운데서 일어나고,

一切海火大中入하야 一切海風大中起하며 一切海風大中入하야 一切四大種中起하며 一切四大種中入하야 無生法中起하며 無生法中入하야 妙

고산 중 기
高山中起하며

일체 바다 화대 가운데서 들어가 일체 바다 풍대風大 가운데서 일어나며, 일체 바다 풍대 가운데서 들어가 일체 사대종四大種 가운데서 일어나고, 일체 사대종 가운데서 들어가 생사生死 없는 법 가운데서 일어나며, 생사 없는 법 가운데서 들어가 수미산[妙高山] 가운데서 일어나고,

묘고산중입 　칠보산중기 　칠보산중입
妙高山中入하야 七寶山中起하며 七寶山中入하야
일체지종종가색수림흑산중기 　일체지종종
一切地種種稼穡樹林黑山中起하며 一切地種種
가색수림흑산중입 　일체묘향화보장엄중기
稼穡樹林黑山中入하야 一切妙香華寶莊嚴中起
하나라

수미산 가운데서 들어가 칠보산七寶山 가운데서 일어나며, 칠보산 가운데서 들어가 모든 땅에 갖가지로 심고 가꾸는 나무숲 흑산[一切地種種稼穡樹林黑山] 가운데서 일

어나고, 모든 땅에 갖가지로 심고 가꾸는 나무숲 혹산 가운데서 들어가 일체 묘한 향과 꽃과 보배로 장엄한 가운데서 일어나느니라."

보살이 일체 중생의 차별한 몸 삼매로 사대종四大種에서 서로 삼매에 들고 일어난다고 하였는데 사대종은 지수화풍이다. 내용에 있어서는 일체 바다 신장들에서 시작하여 일체 바다 수대水大와 지대地大와 화대火大와 풍대風大와 다시 사대종과 무생법과 묘고산 등으로 자재하게 이어졌다.

6〉 여러 세계에서 서로 들고 일어나다

一切妙香華寶莊嚴中入하야 一切四天下下方
일체묘향화보장엄중입   일체사천하하방

上方一切衆生受生中起하며 一切四天下下方上
상방일체중생수생중기   일체사천하하방상

方一切衆生受生中入하야 小千世界衆生衆中起
방일체중생수생중입   소천세계중생중중기

小千世界衆生衆中入하야 中千世界衆生衆中起하며

"일체 묘한 향과 꽃과 보배로 장엄한 가운데서 들어가 일체 사천하의 아래와 위의 온갖 중생이 태어나는 가운데서 일어나고, 일체 사천하의 아래와 위의 온갖 중생이 태어나는 가운데서 들어가 소천세계의 중생들 가운데서 일어나며, 소천세계의 중생들 가운데서 들어가 중천세계의 중생들 가운데서 일어나고,

中千世界衆生衆中入하야 大千世界衆生衆中起하며 大千世界衆生衆中入하야 百千億那由他三千大千世界衆生衆中起하며 百千億那由他三千大千世界衆生衆中入하야 無數世界衆生衆中

기
起하니라

중천세계의 중생들 가운데서 들어가 대천세계의 중생들 가운데서 일어나며, 대천세계의 중생들 가운데서 들어가 백천억 나유타 삼천대천세계의 중생들 가운데서 일어나고, 백천억 나유타 삼천대천세계의 중생들 가운데서 들어가 수없는 세계의 중생들 가운데서 일어나느니라."

보살이 일체 중생의 차별한 몸 삼매에 머물며 여러 세계에서 서로 들고 일어남을 밝혔다.

7) 많고 많은 중생에서 서로 들고 일어나다

무 수 세 계 중 생 중 중 입
無數世界衆生衆中入하야
무 량 세 계 중 생 중 중 기
無量世界衆生衆中起하며
무 량 세 계 중 생 중 중 입
無量世界衆生衆中入하야
무 변 불 찰 중 생 중 중 기
無邊佛刹衆生衆中起하며
무 변 불 찰 중 생 중 중 입
無邊佛刹衆生衆中入하야
무 등 불 찰
無等佛刹

衆生衆中起하며 無等佛刹衆生衆中入하야 不可
數世界衆生衆中起하며

 "수없는 세계의 중생들 가운데서 들어가 한량없는 세계의 중생들 가운데서 일어나고, 한량없는 세계의 중생들 가운데서 들어가 그지없는 부처님 세계의 중생들 가운데서 일어나며, 그지없는 부처님 세계의 중생들 가운데서 들어가 같을 이 없는 부처님 세계의 중생들 가운데서 일어나고, 같을 이 없는 부처님 세계의 중생들 가운데서 들어가 셀 수 없는 세계의 중생들 가운데서 일어나며,

不可數世界衆生衆中入하야 不可稱世界衆生
衆中起하며 不可稱世界衆生衆中入하야 不可思
世界衆生衆中起하며 不可思世界衆生衆中入하야

不可量世界衆生衆中起하며 不可量世界衆生衆
中入하야 不可說世界衆生衆中起하며

셀 수 없는 세계의 중생들 가운데서 들어가 일컬을 수 없는 세계의 중생들 가운데서 일어나고, 일컬을 수 없는 세계의 중생들 가운데서 들어가 생각할 수 없는 세계의 중생들 가운데서 일어나며, 생각할 수 없는 세계의 중생들 가운데서 들어가 헤아릴 수 없는 세계의 중생들 가운데서 일어나고, 헤아릴 수 없는 세계의 중생들 가운데서 들어가 말할 수 없는 세계의 중생들 가운데서 일어나며,

不可說世界衆生衆中入하야 不可說不可說世
界衆生衆中起하며 不可說不可說世界衆生衆中
入하야 雜染衆生衆中起하며 雜染衆生衆中入하야

청정중생중중기　　청정중생중중입　　잡염
淸淨衆生衆中起하며 **淸淨衆生衆中入**하야 **雜染**

중생중중기
衆生衆中起하니라

　말할 수 없는 세계의 중생들 가운데서 들어가 말할 수 없이 말할 수 없는 세계의 중생들 가운데서 일어나고, 말할 수 없이 말할 수 없는 세계의 중생들 가운데서 들어가 더러운 중생들 가운데서 일어나며, 더러운 중생들 가운데서 들어가 깨끗한 중생들 가운데서 일어나고, 깨끗한 중생들 가운데서 들어가 더러운 중생들 가운데서 일어나느니라."

　보살이 일체 중생의 차별한 몸 삼매에 머물며 다시 많고 많은 중생에서 서로 들고 일어나는 것과 더러운 중생들 가운데서 들어가 청정한 중생들 가운데서 일어나는 것까지 원융자재하게 출입함을 밝혔다.

8〉 육근六根에서 서로 들고 일어나다

眼處入$_{하야}$ 耳處起$_{하며}$ 耳處入$_{하야}$ 眼處起$_{하며}$
鼻處入$_{하야}$ 舌處起$_{하며}$ 舌處入$_{하야}$ 鼻處起$_{하며}$ 身處入$_{하야}$ 意處起$_{하며}$ 意處入$_{하야}$ 身處起$_{하며}$ 自處入$_{하야}$ 他處起$_{하며}$ 他處入$_{하야}$ 自處起$_{하니라}$

"눈으로 들어가 귀에서 일어나고, 귀로 들어가 눈에서 일어나며, 코로 들어가 혀에서 일어나고, 혀로 들어가 코에서 일어나며, 몸으로 들어가 뜻에서 일어나고, 뜻으로 들어가 몸에서 일어나며, 자기 처소에서 들어가 남의 처소에서 일어나고, 남의 처소에서 들어가 자기의 처소에서 일어나느니라."

보살이 일체 중생의 차별한 몸 삼매에 머물러 다시 육근에서 서로 원융자재하게 들고 일어남을 밝혔다.

9〉갖가지 종류에서 서로 들고 일어나다

一微塵中入_{하야} 無數世界微塵中起_{하며} 無數世界微塵中入_{하야} 一微塵中起_{하며} 聲聞入_{하야} 獨覺起_{하며} 獨覺入_{하야} 聲聞起_{하며}

"하나의 작은 먼지 속에서 들어가 수없는 세계의 작은 먼지 속에서 일어나고, 수없는 세계의 작은 먼지 속에서 들어가 하나의 작은 먼지 속에서 일어나며, 성문聲聞에서 들어가 독각獨覺에서 일어나고, 독각에서 들어가 성문에서 일어나며,

自身入_{하야} 佛身起_{하며} 佛身入_{하야} 自身起_{하며} 一念入_{하야} 億劫起_{하며} 億劫入_{하야} 一念起_{하며} 同念入_{하야} 別時起_{하며} 別時入_{하야} 同念起_{하며}

자기 몸에서 들어가 부처님 몸에서 일어나고, 부처님 몸에서 들어가 자기 몸에서 일어나며, 한 생각에 들어가 억겁에 일어나고, 억겁에 들어가 한 생각에 일어나며, 같은 생각에 들어가 다른 때에 일어나고, 다른 때에 들어가 같은 생각에 일어나며,

前際入_{하야} 後際起_{하며} 後際入_{하야} 前際起_{하며}
前際入_{하야} 中際起_{하며} 中際入_{하야} 前際起_{하며} 三世入_{하야} 刹那起_{하며} 刹那入_{하야} 三世起_{하며} 眞如入_{하야} 言說起_{하며} 言說入_{하야} 眞如起_{니라}

앞 즈음[前際]에 들어가 뒤 즈음에 일어나고, 뒤 즈음에 들어가 앞 즈음에 일어나며, 앞 즈음에 들어가 중간 즈음에 일어나고, 중간 즈음에 들어가 앞 즈음에 일어나며, 세 세상에 들어가 찰나에 일어나고, 찰나에 들어가 세 세상에 일어나며, 진여眞如에서 들어가 말하는 데서

일어나고, 말하는 데서 들어가 진여에서 일어나느니라."

보살이 일체 중생의 차별한 몸 삼매에 머물며 갖가지 종류에서 서로 들고 일어남을 밝혔다. 하나의 작은 먼지와 무수한 세계의 작은 먼지와 성문과 독각과 자신의 몸과 부처님 몸 등 시간과 공간과 성인과 범부와 과거 현재 미래와 세세상과 찰나와 진여와 언설까지 갖가지 종류에서 원융하고 무애자재하게 들어가고 일어남을 밝혔다. 보살의 궁극적 삼매는 이와 같이 생각이 가능한 경지까지 걸림이 없다. 이것이 대승 삼매다.

10) 비유로써 밝히다

불자야 비여유인이 위귀소지에 기신전동하야
佛子야 譬如有人이 爲鬼所持에 其身戰動하야

불능자안하나니 귀불현신호대 영타신연인달하야 보
不能自安하나니 鬼不現身호대 令他身然인달하야 菩

살마하살이 주차삼매도 역부여시하야 자신입정
薩摩訶薩이 住此三昧도 亦復如是하야 自身入定

타 신 기　　타 신 입 정 자 신 기
他身起하며 **他身入定自身起**니라

"불자여, 비유컨대 마치 사람이 귀신에 지피는 바가 되면 그 몸이 떨리어 스스로 진정하지 못하느니라. 귀신의 몸은 나타나지 않지마는 그 사람의 몸을 떨리게 하는 것과 같이 보살마하살이 이 삼매에 머무름도 또한 그와 같아서 제 몸에서 선정에 들어가 다른 이의 몸에서 일어나고, 다른 이의 몸에서 선정에 들어가 제 몸에서 일어나느니라."

평소에는 사람의 몸에 귀신이 지핀다는 사실에 대해 별로 믿지 않았다. 믿지 않았다기보다 반신반의하였을 것이다. 1970년경 관악산 연주암에서 잠깐 살 때였다. 어떤 젊은 신도가 귀신에 지피어 그 귀신을 떼어 내려고 절에 왔다. 몇몇 스님이 그 사람 앞에서 신묘장구대다라니를 외웠더니 그는 스스로 자신의 목을 조르면서 죽으려고 하였다. 목을 조르는 손을 떼어 내려고 하여도 얼마나 힘이 센지 한두 사람의 힘으로는 감당할 수가 없었다. 그래서 하던 염불을 그치니 그도 잠잠하였다. 이런 일이 몇 번 거듭되었다. 그리고 형편이 안 되는데도 그 귀신은 항상 택시만 타자고 조른다고 했다. 이런 일을 경험한 끝에 참으로 귀신이 사람의 몸에 지피어 그 사람을 조종한다는 것을 믿게 되었다.

그러나 화엄경에서 이와 같은 이야기를 비유로 들었다는 것은 참으로 의외다. 귀신은 자신의 몸은 없으면서 다른 사람의 몸을 마음대로 드나들면서 그 사람을 조종한다. 보살이 삼매의 힘으로 자신의 몸이나 다른 사람의 몸에 자유자재로 들고 난다는 사실을 비유하여 밝혔다.

불자 비여사시 이주력고 이능기행
佛子야 譬如死屍가 以呪力故로 而能起行하야

수소작사 개득성취 시지여주 수각차
隨所作事하야 皆得成就하나니 屍之與呪가 雖各差

별 이능화합 성취피사 보살마하살
別이나 而能和合하야 成就彼事인달하야 菩薩摩訶薩이

주차삼매 역부여시 동경입정이경기 이
住此三昧도 亦復如是하야 同境入定異境起하며 異

경입정동경기
境入定同境起니라

"불자여, 비유하자면 마치 죽은 송장이 주문의 힘으로 일어나 다니면서 가는 곳마다 짓는 일을 모두 성취하나니, 송장과 주문이 비록 각각 다르지마는 능히 화합하여 저런 일을 성취하는 것처럼, 보살마하살이 이 삼매에 머무름도 또한 그와 같아서 같은 경계에서 선정에 들어 다른 경계에서 일어나고, 다른 경계에서 선정에 들어 같은 경계에서 일어나느니라."

또 비유를 들었는데 사실이라면 참으로 신기하고 기이하다. 주문으로 죽은 송장을 마음대로 움직여서 어떤 일을 짓게 하는 것이다. 송장과 주문은 각각 다른 것이지만 함께 화합하여 어떤 현상을 나타낸다. 보살도 삼매의 힘으로 같은 경계와 다른 경계가 화합하여 자유자재로 들고 난다.

佛子야 譬如比丘가 得心自在하야 或以一身으로
作多身하며 或以多身으로 作一身호대 非一身沒하고

多身生이며 非多身沒하고 一身生인달하야 菩薩摩訶薩이 住此三昧도 亦復如是하야 一身入定多身起하며 多身入定一身起니라

"불자여, 비유하자면 마치 비구가 마음이 자유롭게 되면 한 몸으로 여러 몸을 만들기도 하고, 여러 몸으로 한 몸을 만들기도 하며, 한 몸이 사라지지 않고 여러 몸이 생기기도 하고, 여러 몸이 사라지지 않고 한 몸이 생기기도 하는 것과 같이, 보살마하살이 이 삼매에 머무름도 또한 그와 같아서 한 몸이 선정에 들어가 여러 몸에서 일어나고, 여러 몸이 선정에 들어가 한 몸에서 일어나느니라."

이 비유는 비구가 공부를 하다가 분신술을 얻어서 분신하는 모습이다. 분신술이 불교의 정법은 아니지만 선정을 닦다가 간혹 이와 같은 일이 나타나기도 하였던 것이다. 분신술을 가지고 혹세무민할 것은 아니지만 불법을 전하는 일종

의 방편으로 활용하면 어떨까 하는 공연한 생각도 하게 된다. 아무튼 보살은 삼매의 힘으로 한 몸과 많은 몸을 자유자재로 이용하면서 들고 난다.

佛子_야 譬如大地_가 其味一種_{이나} 所生苗稼_가
불자   비여대지   기미일종   소생묘가

種種味別_{하니} 地雖無差別_{이나} 然味有殊異_{인달하야}
종종미별   지수무차별   연미유수이

菩薩摩訶薩_이 住此三昧_도 亦復如是_{하야} 無所分
보살마하살   주차삼매   역부여시   무소분

別_{이나} 然有一種入定多種起_{하며} 多種入定一種
별   연유일종입정다종기   다종입정일종

起_{니라}
기

"불자여, 비유하자면 마치 땅은 그 맛이 하나이지마는 거기서 나는 곡식은 맛이 각각 다르니 땅은 비록 차별이 없으나 맛은 차별이 있는 것처럼, 보살마하살이 이 삼매에 머무름도 또한 그와 같아서 분별이 없지마는 한 가지로 선정에 들어가 여러 가지에서 일어나고, 여

러 가지로 선정에 들어가 한 가지에서 일어나느니라."

　보살이 일체 중생의 차별한 몸 삼매에 머물며 각양각색으로 또는 다종다양하게 삼매에 들고 삼매에서 일어나는 모습을 네 가지 비유를 들어 명료하게 밝혔다. 끝으로 땅은 그 맛이 한 가지지만 땅에서 나는 곡식이나 과일 등의 맛은 여러 가지인 것과 같이 보살이 이 삼매에 머무는 것도 그와 같아서 삼매는 아무런 분별이 없으나 한 가지에서 삼매에 들어 여러 가지에서 일어나고, 여러 가지에서 삼매에 들어 한 가지에서 일어난다고 비유로써 밝혔다.

(3) 삼매의 이익을 밝히다

1〉열 가지 칭찬하는 법으로 칭찬하다

佛子야 菩薩摩訶薩이 住此三昧에 得十種稱讚
(불자)　(보살마하살)　(주차삼매)　(득십종칭찬)

法之所稱讚하나니 何者가 爲十고 所謂入眞如故로
(법지소칭찬)　(하자)　(위십)　(소위입진여고)

名爲如來며 覺一切法故로 名之爲佛이며 爲一切
世間의 所稱讚故로 名爲法師며

"불자여, 보살마하살이 이 삼매에 머물면 열 가지 칭찬하는 법으로 칭찬하는 바가 되나니, 무엇이 열인가. 이른바 진여眞如에 들었으므로 여래라 하고, 온갖 법을 깨달았으므로 부처님이라 하고, 모든 세간의 칭찬을 받으므로 법사法師라 하느니라."

보살이 일체 중생의 차별한 몸 삼매에 머물면 큰 이익이 있음을 밝혔다. 먼저 열 가지 칭찬하는 법으로 칭찬하였다. 즉 이 삼매에 머물면 곧 여래며, 부처님이며, 법사다. 더 이상 어떻게 칭찬하겠는가.

知一切法故로 名一切智며 爲一切世間의 所歸
依故로 名所依處며 了達一切法方便故로 名爲導

師며 引一切衆生하야 入薩婆若道故로 名大導師며

"일체 법을 알므로 일체 지혜라 하고, 모든 세간이 귀의하는 바이므로 의지할 데라 하고, 모든 법의 방편을 통달하므로 길잡이[導師]라 하고, 일체 중생을 인도하여 살바야薩婆若의 길에 들게 하므로 대도사大導師라 하고,

爲一切世間燈故로 名爲光明이며 心志圓滿하고 義利成就하고 所作皆辦하야 住無礙智하야 分別了知一切諸法故로 名爲十力이며 自在通達一切法輪故로 名一切見者니 是爲十이니라

모든 세간의 등불이 되므로 광명이라 하고, 뜻이 원만하고 이치를 성취하고 지을 것을 모두 마치고 걸림이 없는 지혜에 머물러서 일체 모든 법을 분별하여 알므로 열 가지 힘이라 하고, 온갖 법륜을 자유롭게 통달하므

로 일체를 보는 이라 하나니, 이것이 열이니라."

또 일체 지혜며, 귀의할 곳이며, 길잡이[導師]이며, 큰 길잡이이다. 또한 광명이며, 열 가지 힘이며, 일체를 보는 이다. 더 이상 무슨 말로 이 보살을 찬탄하겠는가.

2) 열 가지 광명을 얻어 비추게 되다

佛子_야 菩薩摩訶薩_이 住此三昧_에 復得十種光明照耀_{하나니} 何者_가 爲十_고 所謂得一切諸佛光明_{하야} 與彼平等故_며 得一切世界光明_{하야} 普能嚴淨故_며 得一切衆生光明_{하야} 悉往調伏故_며

"불자여, 보살마하살이 이 삼매에 머물고는 열 가지의 광명을 얻어 비추게 되나니, 무엇이 열인가. 이른바 일체 모든 부처님의 광명을 얻나니 저들과 평등한 연고요, 일체 세계의 광명을 얻나니 두루 깨끗하게 장엄하는 연고요, 일체 중생의 광명을 얻나니 모두 가서 조복하는 연고요,

得無量無畏光明하야 法界爲場演說故며 得無差別光明하야 知一切法의 無種種性故며 得方便光明하야 於一切法離欲際에 而證入故며 得眞實光明하야 於一切法離欲際에 心平等故며

한량없이 두려움 없는 광명을 얻나니 법계를 도량으로 삼아 연설하는 연고요, 차별이 없는 광명을 얻나니 일체 법이 갖가지 성품이 없음을 아는 연고요, 방편인 광명을 얻나니 일체 법이 욕심을 떠난 경계에 증득해서 들어가는 연고요, 진실한 광명을 얻나니 일체 법이 욕심을 떠난 경계에 마음이 평등한 연고요,

得徧一切世間神變光明하야 蒙佛所加하야 恒
不息故며 得善思惟光明하야 到一切佛自在岸故며
得一切法眞如光明하야 於一毛孔中에 善說一切
故니 是爲十이니라

 일체 세간에 두루 한 신통변화의 광명을 얻나니 부처님의 가피를 받고 항상 쉬지 않는 연고요, 잘 생각하는 광명을 얻나니 모든 부처님의 자재한 언덕에 이르는 연고요, 모든 법이 진여인 광명을 얻나니 한 모공毛孔에서 일체를 잘 설하는 연고이니, 이것이 열이니라."

 보살이 일체 중생의 차별한 몸 삼매에 머물면 큰 이익이 있는데 그 가운데 두 번째는 열 가지 광명을 얻어 비추게 된다. 일체 모든 부처님의 광명을 얻고, 일체 세계의 광명을 얻고, 일체 중생의 광명을 얻는 것 등이다.

3) 열 가지 지을 것 없음을 얻다

佛子_야 菩薩摩訶薩_이 住此三昧_에 復得十種無
所作_{하나니} 何者_가 爲十_고 所謂身業無所作_{이며} 語
業無所作_{이며} 意業無所作_{이며} 神通無所作_{이며}

"불자여, 보살마하살이 이 삼매에 머물고는 또 열 가지의 지을 것 없음을 얻나니, 무엇이 열인가. 이른바 몸으로 하는 업이 지을 것이 없고, 말로 하는 업이 지을 것이 없고, 뜻으로 하는 업이 지을 것이 없고, 신통이 지을 것이 없고,

了法無性無所作_{이며} 知業不壞無所作_{이며} 無
差別智無所作_{이며} 無生起智無所作_{이며} 知法無
滅無所作_{이며} 隨順於文_{호대} 不壞於義_가 無所作_{이니}

二十七. 십정품 +定品 3

시 위 십
是爲十이니라

 법이 성품 없는 줄을 앎이 지을 것이 없고, 업이 없어지지 않는 줄을 앎이 지을 것이 없고, 차별 없는 지혜가 지을 것이 없고, 일어남이 없는 지혜가 지을 것이 없고, 법이 멸하지 않는 줄을 앎이 지을 것이 없고, 글을 따르고 뜻에 잘못되지 않음이 지을 것이 없나니, 이것이 열이니라."

 보살이 일체 중생의 차별한 몸 삼매에 머물면 큰 이익이 있는데 그 가운데 세 번째는 열 가지 지을 것 없음을 얻는 것이다. 무소작無所作, 지을 것 없음이 곧 큰 이익이다. 일체 법이 본래로 원만하고 완벽하여 더할 것도 없고 뺄 것도 없다는 사실을 삼매를 통하여 깨닫게 되는 것은 실로 큰 이익이다.

(4) 한량없는 경계의 가지가지 차별

불 자   보 살 마 하 살   주 차 삼 매   무 량 경 계
佛子야 **菩薩摩訶薩**이 **住此三昧**에 **無量境界**가

종종차별　　소위일입다기　　다입일기
種種差別하나니 **所謂一入多起**하며 **多入一起**하며

동입이기　　이입동기　　세입추기　　추입세
同入異起하며 **異入同起**하며 **細入麤起**하며 **麤入細**

기　　대입소기　　소입대기
起하며 **大入小起**하며 **小入大起**하며

"불자여, 보살마하살이 이 삼매에 머물면 한량없는 경계가 가지가지로 차별하나니, 이른바 하나에서 들어가 여럿에서 일어나고, 여럿에서 들어가 하나에서 일어나며, 같은 데서 들어가 다른 데서 일어나고, 다른 데서 들어가 같은 데서 일어나며, 미세한 데서 들어가 굵은 데서 일어나고, 굵은 데서 들어가 미세한 데서 일어나며, 큰 데서 들어가 작은 데서 일어나고, 작은 데서 들어가 큰 데서 일어나며,

　　순입역기　　역입순기　　무신입유신기
順入逆起하며 **逆入順起**하며 **無身入有身起**하며

유신입무신기　　무상입유상기　　유상입무
有身入無身起하며 **無相入有相起**하며 **有相入無**

相起하며 起中入入中起니 如是가 皆是此之三昧의 自在境界니라

순한 데서 들어가 거슬린 데서 일어나고, 거슬린 데서 들어가 순한 데서 일어나며, 몸이 없는 데서 들어가 몸이 있는 데서 일어나고, 몸이 있는 데서 들어가 몸이 없는 데서 일어나며, 형상 없는 데서 들어가 형상 있는 데서 일어나고, 형상 있는 데서 들어가 형상 없는 데서 일어나며, 일어나는 데서 들어가 들어가는 데서 일어나나니, 이와 같은 것이 모두 이 삼매의 자재한 경계이니라."

보살이 이 삼매에 머물면 삼매의 한량없는 경계가 가지가지로 차별하다는 사실을 깨닫게 된다. 즉 하나에서 들어가 여럿에서 일어나고, 여럿에서 들어가 하나에서 일어나며, 같은 데서 들어가 다른 데서 일어나고, 다른 데서 들어가 같은 데서 일어나는 것 등이다.

(5) 경계의 자재함을 여섯 가지로 비유하다

佛子야 譬如幻師가 持呪得成에 能現種種差別
불자   비여환사   지주득성   능현종종차별

形相하나니 呪與幻別호대 而能作幻하며 呪唯是聲이
형상   주여환별   이능작환   주유시성

로대 而能幻作眼識所知種種諸色과 耳識所知種
     이능환작안식소지종종제색   이식소지종

種諸聲과 鼻識所知種種諸香과 舌識所知種種
종제성   비식소지종종제향   설식소지종종

諸味와 身識所知種種諸觸과 意識所知種種境
제미   신식소지종종제촉   의식소지종종경

界인달하야
계

"불자여, 비유하자면 마치 요술쟁이가 주문을 외워 성취하면 갖가지 차별한 모양을 능히 나타내나니, 주문과 요술이 다르지마는 능히 요술을 부리느니라. 주문은 오직 소리뿐이지만 능히 눈으로 보아 아는 가지각색 빛과, 귀로 듣고 아는 가지각색 소리와, 코로 맡고 아는 가지각색 냄새와, 혀로 맛보고 아는 가지각색 맛과, 몸으로 부딪쳐서 아는 갖가지 촉감과, 뜻으로 느끼어 아

는 갖가지 경계를 요술로 만드는 것과 같으니라."

보살이 일체 중생의 차별한 몸 삼매에 머물면 큰 이익이 있는데 경계가 자유자재하게 펼쳐지는 것을 여섯 가지 비유를 들어 밝혔다. 먼저 주문을 외워 마술을 부리는 일을 비유로 들었다. 주문을 외우면 환영을 통해 사람의 육근六根이 정상의 사람과 같이 육경六境을 대하여 육식六識으로 분별하여 인식하는 작용을 나타내 보이는 것이 자유자재하다.

菩薩摩訶薩이 住此三昧도 亦復如是하야 同中入定異中起하며 異中入定同中起니라
(보살마하살 주차삼매 역부여시 동중입정이중기 이중입정동중기)

"보살마하살이 이 삼매에 머무름도 또한 그와 같아서 같은 데서 선정에 들어가 다른 데서 일어나고, 다른 데서 선정에 들어가 같은 데서 일어나느니라."

보살이 이 삼매에 머물면 요술하는 사람이 주문으로 요

술을 부려 온갖 경계를 다 만들어 내듯이 선정에 들어가고 나오는 것이 자유자재하다.

佛子야 譬如三十三天이 共阿修羅鬪戰之時에 諸天이 得勝하고 修羅가 退衄에 阿修羅王이 其身 長大가 七百由旬이며 四兵圍遶가 無數千萬이로대 以幻術力으로 將諸軍衆하고 同時走入藕絲孔中 인달하야

"불자여, 비유하자면 마치 삼십삼천이 아수라와 싸울 적에 모든 천신이 이기고 아수라가 패하면, 아수라왕의 신장身長은 그 크기가 칠백 유순이요, 네 가지 군대 수천만이 호위하였지마는 요술을 부려서 여러 군대를 거느리고 한꺼번에 달아나다가 연뿌리의 구멍 속으로 들어가 버리는 것과 같으니라."

보살마하살   역부여시   이선성취제환지
菩薩摩訶薩도 亦復如是하야 已善成就諸幻智

지   환지   즉시보살   보살   즉시환지   시
地일새 幻智가 卽是菩薩이요 菩薩이 卽是幻智라 是

고   능어무차별법중입정   차별법중기   차
故로 能於無差別法中入定하야 差別法中起하며 差

별법중입정   무차별법중기
別法中入定하야 無差別法中起니라

"보살마하살도 또한 그와 같아서 이미 온갖 환술과 같은 지혜를 이루었으므로, 환술과 같은 지혜가 곧 보살이요, 보살이 곧 환술과 같은 지혜이니라. 그러므로 능히 차별 없는 법에서 선정에 들어가 차별 있는 법에서 일어나고, 차별 있는 법에서 선정에 들어가 차별 없는 법에서 일어나느니라."

보살이 이 삼매에 들어 경계가 자유자재함을 두 번째 비유를 들어 밝혔다. 삼십삼천의 전신과 아수라가 싸우다가 아수라가 패하면 그 큰 몸과 수많은 군대가 연뿌리의 구멍으로 피신하여 달아나듯이 보살도 환술과 같은 지혜를 성취하여 보살이 곧 환술이 되고 환술이 곧 보살이 되어 차별한

법과 차별이 없는 법에 자유자재로 들어가고 일어난다.

　　　불자　비여농부　　전중하종　　종자재하　　과
　　　佛子야 **譬如農夫**가 **田中下種**에 **種子在下**요 **果**
생 어 상　　　　보 살 마 하 살　　주 차 삼 매　　역 부 여
生於上인달하야 **菩薩摩訶薩**이 **住此三昧**도 **亦復如**
시　　일 중 입 정 다 중 기　　　다 중 입 정 일 중 기
是하야 **一中入定多中起**하며 **多中入定一中起**니라

"불자여, 비유하자면 마치 농부가 밭에 씨앗을 심으면 씨앗은 밑에 있고 열매는 위에서 열리듯이, 보살마하살이 이 삼매에 머무는 것도 또한 그와 같아서 하나에서 선정에 들어가 많은 데서 일어나고, 많은 데서 선정에 들어가 하나에서 일어나느니라."

보살이 이 삼매에 들어 경계가 자유자재함을 세 번째 비유를 들어 밝혔다. 농부들이 곡식의 종자를 밭에 심어서 그 열매를 거두는 일과 같다고 밝혔다.

불자 비여남녀 적백 화합 혹유중생
佛子야 **譬如男女**의 **赤白**이 **和合**에 **或有衆生**이

어중수생   이시   명위가라라위   종차차제
於中受生하면 **爾時**에 **名爲歌羅邏位**라 **從此次第**

주모태중   만족시월   선업력고   일체지분
住母胎中하야 **滿足十月**에 **善業力故**로 **一切支分**이

개득성취   제근불결   심의명료
皆得成就하야 **諸根不缺**하며 **心意明了**하나니

"불자여, 비유하자면 마치 남녀의 붉은 것과 흰 것이 화합하여 혹시 중생이 그 속에서 태胎에 들면, 그때에 이름을 가라라의 지위[歌羅邏位]라 하나니, 그때부터 점점 자라 어머니의 태중에서 열 달이 차면서 선善한 업의 힘으로 모든 부분이 차례로 이루어져서 여러 감관[諸根]이 결함이 없고 의식이 분명하여지느니라."

네 번째 비유다. "남녀의 붉은 것과 흰 것이 화합한다."는 말은 남자의 정자와 여자의 난자가 화합하는 것을 뜻한다. 또 "가라라의 지위[歌羅邏位]"란 태내오위胎內五位의 최초로서 태아가 모태에서 생긴 지 일주일간을 말한다. 이때에 모

태에 머물면서 점점 자라 열 달 동안 성장하면서 모든 기관과 사지가 완성되고 의식까지 분명하여진다.

其歌羅邏가 **與彼六根**으로 **體狀各別**호대 **以業力故**로 **而能令彼**로 **次第成就**하야 **受同異類**의 **種種果報**인달하야

"그 가라라와 저 여섯 감관[六根]은 자체와 형상이 제각기 다르지마는 업의 힘으로 그로 하여금 차례차례 성취하여 같고 다른 종류의 갖가지 과보를 받느니라."

태내 첫 지위인 가라라 때는 모태에서의 처음 일주일간이므로 아무런 분별이 없는 상태지만 그로부터 차츰 육근이 각각 다르게 성장하는데, 그 사람의 업력의 영향으로 같기도 하고 다르기도 하면서 가지가지 과보를 받는다.

菩薩摩訶薩도 亦復如是하야 從一切智歌羅邏^{보살마하살　역부여시　종일체지가라라}

位로 信解願力이 漸次增長하야 其心廣大하야 任運^{위　신해원력　점차증장　기심광대　임운}

自在일새 無中入定有中起하며 有中入定無中起니라^{자재　무중입정유중기　유중입정무중기}

"보살마하살도 또한 그와 같아서 일체 지혜의 가라라 지위로부터 믿고 이해하고 원하는 힘이 점점 자라서 마음이 커지고 자유롭게 되어 없는 데서 삼매에 들어가 있는 데서 일어나고, 있는 데서 삼매에 들어가 없는 데서 일어나느니라."

보살도 또한 일체 지혜의 첫 지위는 누구나 같지만 믿음과 이해와 원력의 힘을 따라 점점 발전하면서 그 마음이 광대하고 자유자재하게 되어 없는 데서 선정에 들어가 있는 데서 일어나고, 있는 데서 선정에 들어가 없는 데서 일어난다.

불자 비여용궁 의지이립 불의허공
佛子야 譬如龍宮이 依地而立이요 不依虛空이며

용의궁주 역부재공 이능흥운 변만공
龍依宮住요 亦不在空이로대 而能興雲하야 徧滿空

중 유인 앙시 소견궁전 당지개시건달
中이어든 有人이 仰視에 所見宮殿이 當知皆是乾闥

바성 비시용궁 불자 용수처하 이운포
婆城이요 非是龍宮이니 佛子야 龍雖處下나 而雲布

상
上인달하야

"불자여, 비유하자면 마치 용궁이 땅을 의지하고 있고 허공을 의지하지 않았으며, 용은 용궁에 있고 또한 허공에 있지 않건마는 구름을 일으켜 허공에 가득하였을 적에 사람들이 우러러보면 보이는 용궁은 모두 건달바성城이요 용궁이 아니니, 불자여, 용은 비록 아래에 있으나 구름은 위에 있는 것과 같으니라."

다섯 번째 비유다. 건달바성乾闥婆城은 건달바성乾達婆城·건달박성健達縛城·헌달박성巘達縛城이라고도 한다. 번역하여 심향성尋香城이라 한다. 실체가 없이 공중에 나타나는 성곽이다. 바다 위나 사막 또는 열대지방에 있는 벌판의 상공上空에 공기의 밀도와 광선의 굴절 작용으로 일어나는 신기루蜃氣樓 · 해시海市 같은 것이다. 이를 건달바성이라 하는 것은 건달바는 항상 천상에 있다는 데서 생겼다. 또는 서역에서 악사樂師를 건달바라 부르고, 그 악사가 환술로 교묘하게 누각을 나타내어 사람에게 보이므로 이와 같이 부른다.

　　보살마하살　　주차삼매　　역부여시　　어무
菩薩摩訶薩이 **住此三昧**도 **亦復如是**하야 **於無**
상입유상기　　어유상입무상기
相入有相起하며 **於有相入無相起**니라

"보살마하살이 이 삼매에 머무는 것도 또한 그와 같아서 형상 없는 데서 들어가 형상 있는 데서 일어나고, 형상 있는 데서 들어가 형상 없는 데서 일어나느니라."

형상이 없는 데서 선정에 들어 형상이 있는 데서 일어나고, 형상이 있는 데서 선정에 들어 형상이 없는 데서 일어나는 보살의 원융하고 자재한 삼매의 능력을 밝혔다.

佛子야 譬如妙光大梵天王의 所住之宮이 名一
切世間最勝淸淨藏이라 此大宮中에 普見三千大
千世界諸四天下와 天宮과 龍宮과 夜叉宮과 乾闥
婆宮과 阿修羅宮과 迦樓羅宮과 緊那羅宮과 摩睺
羅伽宮과

"불자여, 비유하자면 마치 묘광대범천왕妙光大梵天王이
사는 궁전을 모든 세간에서 가장 훌륭하고 청정한 곳집
[藏]이라 이름하느니라. 이 궁전에 삼천대천세계의 모든
사천하에 있는 천궁과 용궁과 야차의 궁전과 건달바의
궁전과 아수라의 궁전과 가루라의 궁전과 긴나라의 궁
전과 마후라가의 궁전과,

人間住處와 及三惡道와 須彌山等種種諸山과

대해강하　피택천원　성읍취락　수림중보
大海江河와 **陂澤泉源**과 **城邑聚落**과 **樹林衆寶**의

여시일체종종장엄　진대윤위　소유변제　내
如是一切種種莊嚴과 **盡大輪圍**의 **所有邊際**와 **乃**

지공중미세유진　막불개어범궁현현　　여어
至空中微細遊塵이 **莫不皆於梵宮顯現**호미 **如於**

명경　견기면상
明鏡에 **見其面像**인달하야

　인간의 거처와 세 나쁜 길과 수미산 등 여러 가지 산과 바다와 강과 호수와 진펄과 못과 샘물과 시내와 도시와 마을과 나무와 숲과 보배 등 가지각색 장엄과 큰 철위산 끝까지와 내지 허공에 날리는 작은 먼지들까지 범천의 궁전에 빠짐없이 모두 나타나는 것이 마치 거울 속에서 얼굴을 보는 것과 같으니라."

　여섯 번째 비유다. 묘광대범천왕妙光大梵天王이 사는 궁전에 삼천대천세계의 모든 사천하에 있는 천궁과 용궁과 야차의 궁전과 심지어 작은 먼지 하나까지 하나도 빠짐없이 다 나타나는 것을 비유로 들었다.

보살 마 하 살   주 차 일 체 중 생 차 별 신 대 삼 매
菩薩摩訶薩도 **住此一切衆生差別身大三昧**에

지 종 종 찰   건 종 종 불   도 종 종 중   증 종 종
知種種刹하며 **見種種佛**하며 **度種種衆**하며 **證種種**

법   성 종 종 행   만 종 종 해   입 종 종 삼 매
法하며 **成種種行**하며 **滿種種解**하며 **入種種三昧**하며

기 종 종 신 통   득 종 종 지 혜   주 종 종 찰 나 제
起種種神通하며 **得種種智慧**하며 **住種種刹那際**니라

"보살마하살이 이 일체 중생의 차별한 몸 삼매에 머물러서는 갖가지 세계를 알고, 갖가지 부처님을 뵈옵고, 갖가지 중생을 제도하고, 갖가지 법을 증득하고, 갖가지 행을 이루고, 갖가지 지혜를 만족하고, 갖가지 삼매에 들어가고, 갖가지 신통을 일으키고, 갖가지 지혜를 얻고, 갖가지 찰나의 경계에 머물게 되느니라."

보살이 이 일체 중생의 차별한 몸 삼매에 머물러서는 갖가지 세계를 알고, 갖가지 부처님을 뵈옵고, 갖가지 중생을 제도하고, 갖가지 법을 증득하는 등의 일이 모두모두 성취된다. 마치 범천의 궁전에 삼라만상이 빠짐없이 다 나타나듯이 한다.

여기까지 경계의 자재함을 여섯 가지 비유를 들어 밝히는 내용이다.

(6) 열 가지 신통의 피안彼岸에 이르다

佛_불子_자야 此_차菩_보薩_살摩_마訶_하薩_살이 到_도十_십種_종神_신通_통彼_피岸_안하나니

何_하者_자가 爲_위十_십고 所_소謂_위到_도諸_제佛_불盡_진虛_허空_공徧_변法_법界_계神_신通_통彼_피岸_안하며 到_도菩_보薩_살究_구竟_경無_무差_차別_별自_자在_재神_신通_통彼_피岸_안하며

"불자여, 이 보살마하살이 열 가지 신통의 저 언덕에 이르나니, 무엇이 열인가. 이른바 모든 부처님의 허공에 가득하고 법계에 두루 한 신통의 저 언덕에 이르며, 보살의 끝까지 차별이 없이 자유로운 신통의 저 언덕에 이르느니라."

보살이 모든 중생의 차별한 몸인 큰 삼매에 머물러 얻게 되는 이익을 밝히는 내용이다. 그 가운데 열 가지 신통의 피

안彼岸에 이르는 것을 밝혔다. 먼저 모든 부처님의 허공에 가득하고 법계에 두루 한 신통의 저 언덕에 이른다. 그리고 보살의 자유로운 신통의 저 언덕에 이른다. 보살이 이 삼매에 머문 힘으로 이르지 못하는 곳이 없음을 아래에 낱낱이 밝혔다.

到能發起菩薩廣大行願하야 入如來門佛事神通彼岸하며 到能震動一切世界하야 一切境界를 悉令淸淨神通彼岸하며 到能自在知一切衆生의 不思議業果가 皆如幻化神通彼岸하며

"보살의 광대한 행行과 원願을 일으켜서 여래의 문에 들어가는 부처님의 일[佛事]인 신통의 저 언덕에 이르며, 일체 세계를 능히 진동하여 모든 경계를 다 청정하게 하는 신통의 저 언덕에 이르며, 일체 중생의 헤아릴 수

없는 업業과 과보果報가 모두 요술과 같은 줄을 자유롭게 아는 신통의 저 언덕에 이르느니라."

도능자재지제삼매의 추세입출차별상신통
到能自在知諸三昧의 **麤細入出差別相神通**

피안하며 도능용맹입여래경계하야 이어기중에 발
彼岸하며 **到能勇猛入如來境界**하야 **而於其中**에 **發**

생대원신통피안하며 도능화작불하야 화전법륜하야
生大願神通彼岸하며 **到能化作佛**하야 **化轉法輪**하야

조복중생하야 영생불종하고 영입불승하야 속득성
調伏衆生하야 **令生佛種**하고 **令入佛乘**하야 **速得成**

취신통피안하며
就神通彼岸하며

"모든 삼매의 거칠고 미세함과 들어가고 나오는 차별한 모양을 자유롭게 아는 신통의 저 언덕에 이르며, 능히 용맹하게 여래의 경계에 들어가 그 가운데서 큰 서원을 내는 신통의 저 언덕에 이르며, 능히 부처님을 변화하여 짓고 법륜法輪을 변화하여 굴리면서 중생을 조복시키고 부처님의 종성種性을 내게 하고 부처님의 법에

들게 하여 빨리 성취케 하는 신통의 저 언덕에 이르느니라."

到能了知不可說一切秘密文句_{하야} 而轉法輪_{하야} 令百千億那由他不可說不可說法門_{으로} 皆得淸淨神通彼岸_{하며} 到不假晝夜年月劫數_{하고} 一念_에 悉能三世示現神通彼岸_{이니} 是爲十_{이니라}

"말할 수 없는 온갖 비밀한 글귀를 알고 법륜을 굴리어 백천억 나유타 말할 수 없이 말할 수 없는 법문을 모두 청정하게 하는 신통의 저 언덕에 이르며, 낮과 밤과 해와 달과 겁劫을 빌리지 않고 한 생각에 삼세를 모두 나타내는 신통의 저 언덕에 이르나니, 이것이 열이니라."

불자　시명보살마하살　　제팔일체중생차별
佛子야 **是名菩薩摩訶薩**의 **第八一切衆生差別**

신 대 삼 매 선 교 지
身大三昧善巧智니라

"불자여, 이것을 보살마하살의 제8 모든 중생의 차별한 몸인 큰 삼매의 교묘한 지혜라 하느니라."

보살이 모든 중생의 차별한 몸인 큰 삼매에 머물러 얻는 이익 중에 열 가지 신통의 피안彼岸에 이르는 이익을 다 밝히면서 여덟 번째 삼매를 설하여 마쳤다.

9) 법계자재法界自在 대삼매

(1) 삼매의 이름과 들어가는 곳

불 자　운 하 위 보 살 마 하 살　　법 계 자 재 삼 매
佛子야 **云何爲菩薩摩訶薩**의 **法界自在三昧**오

불 자　차 보 살 마 하 살　　어 자 안 처　　내 지 의 처
佛子야 **此菩薩摩訶薩**이 **於自眼處**와 **乃至意處**에

入三昧가 名法界自在니 菩薩이 於自身一一毛孔
中에 入此三昧하나니라

"불자여, 어떤 것을 보살마하살의 법계에 자재한[法界自在] 삼매라 하는가. 불자여, 이 보살마하살이 자기의 눈에서와 내지 뜻에서 삼매에 들어가는 것이 이름이 법계에 자재함이니, 보살이 자기 몸의 낱낱 모공 속에서 이 삼매에 드는 것이니라."

십정품의 열 가지 큰 삼매 중에 아홉 번째 법계에 자재한 삼매에 대해 설한다. 보살이 눈과 귀와 코와 혀와 몸과 뜻에서 삼매에 들어가는 것이 이름이 법계에 자재한 큰 삼매다. 또한 보살이 자기의 몸 낱낱 모공에서 이 삼매에 든다. 실로 한 생각이 삼매에 들면 육근과 육경과 육식에서 모두 삼매에 들며, 나아가서 몸의 낱낱 모공에서도 이와 같이 삼매에 든다. 아주 작은 모공에서부터 저 드넓은 우주에 이르기까지 들지 않는 데가 없는, 그야말로 법계에 자유자재한 큰 삼매다.

(2) 삼매의 공용功用을 밝히다

自자연**能**능**知**지**諸**제**世**세**間**간하며 **知**지**諸**제**世**세**間**간**法**법하며 **知**지**諸**제**世**세**界**계하며 **知**지**億**억**那**나**由**유**他**타**世**세**界**계하며 **知**지**阿**아**僧**승**祇**지**世**세**界**계하며 **知**지**不**불**可**가**說**설**佛**불**刹**찰**微**미**塵**진**數**수**世**세**界**계하며

"자연히 모든 세간世間을 알고, 모든 세간의 법을 알고, 모든 세계를 알고, 억 나유타 세계를 알고, 아승지 세계를 알고, 말할 수 없는 부처님 세계의 작은 먼지 수 세계를 아느니라."

법계에 자재한 큰 삼매의 공용을 밝혔다. 경문에서 밝힌 바와 같이 삼매에 들면 저절로 모든 세간과 세간의 법을 알게 되며, 모든 세계와 가히 말할 수 없는 부처님 세계의 작은 먼지 수 같은 세계를 다 알게 된다.

見견**一**일**切**체**世**세**界**계**中**중에 **有**유**佛**불**出**출**興**흥이어든 **菩**보**薩**살**衆**중**會**회가 **悉**실

개충만   광명청정   순선무잡   광대장엄
皆充滿하며 光明淸淨하며 淳善無雜하며 廣大莊嚴

　　종종중보   이위엄식
하야 種種衆寶로 以爲嚴飾하며

"일체 세계 가운데 부처님이 출현하시거든 보살 대중이 모두 가득함을 보며, 광명하고 청정하여 순일하게 착한 것뿐이요 섞이지 아니하였으며, 광대한 장엄과 가지각색 보배로 훌륭하게 장식하였느니라."

법계에 자재한 큰 삼매의 공용으로서 또 일체 세계 가운데 부처님이 출현하시고 보살 대중이 모두 가득한데 광명하고 청정하여 순일하게 착한 것뿐이요 광대한 장엄과 가지각색 보배로 훌륭하게 장식한 것을 다 본다. 그렇다. 바르고, 참되고, 높고, 큰 삼매에 들면 그가 보고 느끼고 수용하는 세상은 온통 부처님이며, 보살들이며, 광명이 빛나며, 청정하여 순일하게 착한 것뿐이다. 무슨 부정한 것이 있겠는가. 무슨 아름답지 않은 것이 있겠는가.

菩薩이 於彼에 或一劫과 百劫과 千劫과 億劫과 百千億那由他劫과 無數劫과 無量劫과 無邊劫과 無等劫과 不可數劫과 不可稱劫과 不可思劫과 不可量劫과 不可說劫과 不可說不可說劫과 不可說不可說佛刹微塵數劫을 修菩薩行호대 常不休息하며

"보살이 그곳에서 혹은 한 겁과 백 겁과 천 겁과 억 겁과 백천억 나유타 겁과 수없는 겁과 한량없는 겁과 그지없는 겁과 같을 이 없는 겁과 셀 수 없는 겁과 일컬을 수 없는 겁과 생각할 수 없는 겁과 헤아릴 수 없는 겁과 말할 수 없는 겁과 말할 수 없이 말할 수 없는 겁과 말할 수 없이 말할 수 없는 부처님 세계의 작은 먼지 수 겁에 보살의 행을 닦으면서 항상 쉬지 아니하느니라."

또 부처님이 출현하시어 보살이 가득한데 그 보살들은 혹 한 겁에서부터 무수한 겁에 이르도록 오로지 보살행을 수행하여 쉬지 않는다. 참된 불자와 보살이 되고자 하는 사람이 꿈꾸는 세상은 이와 같이 보살들이 가득한 세상이다. 오로지 보살행을 수행하는 사람들이 가득한 세상이다. 이는 곧 자신이 법계에 자재한 큰 삼매에 머무는 방법뿐이다. 자신이 법계에 자재한 큰 삼매에 머문다면 이 세상은 이미 온통 보살들뿐이며 보살행뿐이다. 보살 이외에 달리 누가 있으며 보살행 외에 달리 무슨 일이 있겠는가.

우 어 여 시 무 량 겁 중　　주 차 삼 매　　역 입 역 기
又於如是無量劫中에 住此三昧하야 亦入亦起

역 성 취 세 계　　역 조 복 중 생　　역 변 료 법 계
하며 亦成就世界하며 亦調伏衆生하며 亦徧了法界

역 보 지 삼 세　　역 연 설 제 법　　역 현 대 신 통
하며 亦普知三世하며 亦演說諸法하며 亦現大神通

종 종 방 편　　무 착 무 애
種種方便호대 無着無礙하며

"또 이와 같이 한량없는 겁에서 이 삼매에 머무는데 또한 들어가기도 하고 일어나기도 하고, 또한 세계를 성취하기도 하고, 또한 중생을 조복시키기도 하고, 또한 법계를 두루 알기도 하고, 또한 세 세상을 두루 알기도 하고, 또한 모든 법을 연설하기도 하고, 또한 큰 신통으로 갖가지 방편을 나타내기도 하되 집착함도 없고 걸림도 없느니라."

보살이 법계에 자재한 큰 삼매에 머물면서 오랜 세월 불사를 짓되 세계를 성취하기도 하고, 중생을 조복시키기도 하고, 모든 법을 연설하기도 하고, 큰 신통으로 갖가지 방편을 나타내기도 하되 집착함도 없고 걸림도 없다. 진정한 삼매의 공용으로 이루어지는 불사인지라 아무런 집착이 없고 걸림도 없다.

이 어 법 계   득 자 재 고   선 분 별 안   선 분 별
以於法界에 **得自在故**로 **善分別眼**하며 **善分別**

이 耳하며 善分別鼻하며 善分別舌하며 善分別身하며 善分別意하야 如是種種差別不同을 悉善分別하야 盡其邊際하나니라

"법계에서 자유자재함을 얻었으므로 눈을 잘 분별하고, 귀를 잘 분별하고, 코를 잘 분별하고, 혀를 잘 분별하고, 몸을 잘 분별하고, 뜻을 잘 분별하여, 이와 같이 갖가지 차별하고 같지 아니한 것을 모두 잘 분별하여 끝닿은 데까지를 다하느니라."

보살이 법계에 자재한 큰 삼매에 머물러 다시 법계에 자재함으로 눈과 귀와 코와 혀와 몸과 뜻을 잘 분별하여 그 끝닿은 데까지를 다한다.

(3) 삼매의 이익을 밝히다

1〉 21종의 십천억 이익

菩薩이 如是善知見已에 能生起十千億陀羅尼法光明하며 成就十千億淸淨行하며 獲得十千億諸根하며 圓滿十千億神通하며 能入十千億三昧하며

"보살이 이와 같이 잘 알고 보고는 능히 십천억 다라니법의 광명을 내며, 십천억 청정한 행行을 성취하며, 십천억 감관[諸根]을 얻으며, 십천억 신통을 원만히 하며, 십천억 삼매에 들어가며,

成就十千億神力하며 長養十千億諸力하며 圓滿十千億深心하며 運動十千億力持하며 示現十

천억 신변
千億神變하며

십천억 신통한 힘을 이루며, 십천억 여러 가지 힘을 기르며, 십천억 깊은 마음을 원만케 하며, 십천억 힘으로 가지加持함을 움직이며, 십천억 신통변화를 나타내며,

구족 십 천 억 보 살 무 애　　　원 만 십 천 억 보 살
具足十千億菩薩無礙하며 **圓滿十千億菩薩**
조도　　　적집십천억보살장　　　조명십천억보
助道하며 **積集十千億菩薩藏**하며 **照明十千億菩**
살방편　　연설십천억제의
薩方便하며 **演說十千億諸義**하며

십천억 보살의 걸림 없음을 구족하며, 십천억 보살의 도道를 돕는 일을 원만히 하며, 십천억 보살의 곳집[藏]을 모으며, 십천억 보살의 방편을 밝게 비추며, 십천억 모든 이치를 연설하며,

성취십천억제원   출생십천억회향   정
成就十千億諸願하며 出生十千億廻向하며 淨

치십천억보살정위   명료십천억법문   개
治十千億菩薩正位하며 明了十千億法門하며 開

시십천억연설   수치십천억보살청정
示十千億演說하며 修治十千億菩薩淸淨이니라

　십천억 모든 소원을 성취하며, 십천억 회향을 내며, 십천억 보살의 바른 지위를 다스리며, 십천억 법문을 밝게 알며, 십천억 연설을 열어 보이며, 십천억 보살의 청정함을 닦느니라."

　보살이 법계에 자재한 큰 삼매에 머물러 얻는 이익을 밝히는데 먼저 21종의 십천억 이익을 들었다. 십천억 다라니법의 광명을 내고, 십천억 청정한 행行을 성취하는 것 등이다.

2) 열 가지 공덕이 있다

　　불자   보살마하살   부유무수공덕   무량공
　佛子야 菩薩摩訶薩이 復有無數功德과 無量功

덕과 無邊功德과 無等功德과 不可數功德과 不可稱功德과 不可思功德과 不可量功德과 不可說功德과 無盡功德하니라

"불자여, 보살마하살이 또 수없는 공덕과, 한량없는 공덕과, 그지없는 공덕과, 같을 이 없는 공덕과, 셀 수 없는 공덕과, 일컬을 수 없는 공덕과, 생각할 수 없는 공덕과, 헤아릴 수 없는 공덕과, 말할 수 없는 공덕과, 다함이 없는 공덕이 있느니라."

보살이 법계에 자재한 큰 삼매에 머물러 얻는 이익 가운데 두 번째는 열 가지 공덕이 있음을 들었다.

佛子야 此菩薩이 於如是功德에 皆已辦具며 皆已積集이며 皆已莊嚴이며 皆已淸淨이며 皆已瑩徹이며

개 이 섭 수 개 능 출 생 개 가 칭 탄 개 득 견 고
皆已攝受며 **皆能出生**이며 **皆可稱歎**이며 **皆得堅固**며

개 이 성 취
皆已成就니라

"불자여, 이 보살이 이와 같은 공덕을 이미 모두 마련하였고, 모두 모았고, 모두 장엄하였고, 모두 깨끗이 하였고, 모두 사무치게 하였고, 모두 받아들였고, 모두 능히 내고, 모두 칭찬하고, 모두 견고히 하였고, 모두 성취하였느니라."

열 가지 공덕을 이미 모두 마련하였고, 모두 모았고, 모두 장엄하였고, 모두 깨끗이 하였다.

3) 모든 부처님께서 섭수攝受하는 이익

불 자 보 살 마 하 살 주 차 삼 매 위 동 방 십 천
佛子야 **菩薩摩訶薩**이 **住此三昧**에 **爲東方十千**

아 승 지 불 찰 미 진 수 명 호 제 불 지 소 섭 수 일 일
阿僧祇佛刹微塵數名號諸佛之所攝受하며 **一一**

名號에 復有十千阿僧祇佛刹微塵數佛이 各各差別이어든 如東方하야 南西北方과 四維上下도 亦復如是하니라

"불자여, 보살마하살이 이 삼매에 머무르면 동방으로 십천 아승지 부처님 세계의 작은 먼지 수 이름을 가진 모든 부처님의 거두어 주심[攝受]이 되며, 낱낱 이름마다 다시 십천 아승지 부처님 세계의 작은 먼지 수 부처님이 있어 각각 차별하나니, 동방과 같아서 남방과 서방과 북방과 네 간방間方과 상방과 하방도 또한 다시 그와 같으니라."

보살이 법계에 자재한 큰 삼매에 머물러 얻는 이익 중에 세 번째 모든 부처님이 섭수하는 이익을 밝혔다. 보살이 이 삼매에 머물면 시방으로 각각 십천 아승지 모든 부처님이 섭수하게 된다.

彼諸佛이 悉現其前하사 爲現諸佛淸淨刹하며 爲說諸佛無量身하며 爲說諸佛難思眼하며 爲說諸佛無量耳하며 爲說諸佛淸淨鼻하며 爲說諸佛淸淨舌하며 爲說諸佛無住心하며 爲說如來無上神通하사

"저 모든 부처님이 모두 앞에 나타나서 모든 부처님의 청정한 세계를 나타내며, 모든 부처님의 한량없는 몸을 설하며, 모든 부처님의 생각할 수 없는 눈을 설하며, 모든 부처님의 한량없는 귀를 설하며, 모든 부처님의 청정한 코를 설하며, 모든 부처님의 청정한 혀를 설하며, 모든 부처님의 머무름이 없는 마음을 설하며, 여래의 위없는 신통을 설하느니라."

시방으로 각각 십천 아승지 부처님이 섭수하여 그 모든 부처님이 보살 앞에 나타나서 모든 부처님의 청정한 세계를

나타내며, 모든 부처님의 한량없는 몸을 설하며, 모든 부처님의 생각할 수 없는 눈 등을 설하여 준다.

令修如來無上菩提하며 令得如來淸淨音聲하며
開示如來不退法輪하며 顯示如來無邊衆會하며
令入如來無邊秘密하며 讚歎如來一切善根하며
令入如來平等之法하며

"그리하여 여래의 위없는 보리를 닦게 하며, 여래의 청정한 음성을 얻게 하며, 여래의 물러나지 않는 법륜法輪을 열어 보이며, 여래의 그지없이 모인 대중을 나타내며, 여래의 그지없는 비밀에 들어가게 하며, 여래의 모든 착한 뿌리를 찬탄하며, 여래의 평등한 법에 들게 하느니라."

그 모든 것을 설하여 주고는 다시 여래의 위없는 보리를 닦게 하며, 여래의 청정한 음성을 얻게 하며, 여래의 물러나지 않는 법륜法輪을 열어 보이는 등의 불사를 짓는다.

_{선설여래삼세종성}　　_{시현여래무량색상}
宣說如來三世種性하며 **示現如來無量色相**하며

_{천양여래호념지법}　　_{연창여래미묘법음}
闡揚如來護念之法하며 **演暢如來微妙法音**하며

_{변명일체제불세계}　　_{선양일체제불삼매}
辨明一切諸佛世界하며 **宣揚一切諸佛三昧**하며

_{시현제불중회차제}
示現諸佛衆會次第하며

"여래의 세 세상 종성種性을 말하며, 여래의 한량없는 몸매를 나타내며, 여래의 호념護念하시는 법을 드러내며, 여래의 미묘한 법문의 음성을 연설하며, 일체 모든 부처님의 세계를 밝게 분별하며, 일체 모든 부처님의 삼매를 드러내며, 모든 부처님의 대중의 차례를 나타내 보이느니라."

또 여래의 세 세상 종성種性을 말하며, 여래의 한량없는 몸매를 나타내며, 여래의 호념護念하시는 법을 드러내는 등의 불사를 짓는다.

護持諸佛不思議法하며 說一切法이 猶如幻化하며 明諸法性이 無有動轉하며 開示一切無上法輪하며 讚美如來無量功德하며 令入一切諸三昧雲하며 令知其心이 如幻如化하야 無邊無盡이니라

"모든 부처님의 부사의한 법을 보호하며, 일체 법이 마치 환화와 같음을 말하며, 모든 법의 성품이 변동하지 않음을 밝히며, 온갖 위없는 법륜을 열어 보이며, 여래의 한량없는 공덕을 찬탄하며, 일체 모든 삼매 구름에 들어가게 하며, 그 마음이 환영과 같고 환화와 같아서 그지없고 다함이 없음을 알게 하느니라."

보살이 법계에 자재한 큰 삼매에 머물러 얻는 이익이 이

와 같다. 시방으로 각각 십천 아승지 부처님이 섭수하며, 그 모든 부처님이 보살 앞에 나타나서 경문에서 밝힌 바와 같은 갖가지 불사를 짓는 이익을 얻는다.

4) 모든 부처님이 보호하고 염려해 주는 이익

佛子_야 菩薩摩訶薩_이 住此法界自在三昧時_에
彼十方各十千阿僧祇佛刹微塵數名號如來_가
一一名中_에 各有十千阿僧祇佛刹微塵數佛_이 同
時護念_{하사}

"불자여, 보살마하살이 이 법계에 자재한 삼매에 머물렀을 때에 시방에 각각 십천 아승지 세계의 작은 먼지 수 이름의 여래가 있고, 낱낱 이름마다 각각 십천 아승지 세계의 작은 먼지 수 부처님이 있어 동시에 보호하고 염려하시느니라."

보살이 법계에 자재한 큰 삼매에 머물러 얻는 네 번째 이익은 모든 부처님이 보호하고 염려해 주는 이익이다. 시방으로 각각 십천 아승지 세계의 작은 먼지 수와 같이 많고 많은 부처님이 동시에 보호하고 염려해 주신다.

令此菩薩로 得無邊身하며 令此菩薩로 得無礙心하며 令此菩薩로 於一切法에 得無忘念하며 令此菩薩로 於一切法에 得決定慧하며 令此菩薩로 轉更聰敏하야 於一切法에 皆能領受하며

"이 보살로 하여금 그지없는 몸을 얻게 하며, 이 보살로 하여금 걸림 없는 마음을 얻게 하며, 이 보살로 하여금 모든 법에 잊어버리지 않는 생각을 얻게 하며, 이 보살로 하여금 일체 법에 결정한 지혜를 얻게 하며, 이 보살로 하여금 점점 총명하고 민첩하여 일체 법을 다 받아들이게 하느니라."

그 많고 많은 부처님이 보호하고 염려해 주어서 이 삼매에 머문 보살로 하여금 그지없는 몸을 얻게 하며, 걸림 없는 마음을 얻게 하며, 모든 법에 잊어버리지 않는 생각을 얻게 한다.

令此菩薩로 於一切法에 悉能明了하며 令此菩
영차보살   어일체법   실능명료   영차보

薩로 諸根猛利하야 於神通法에 悉得善巧하며 令此
살   제근맹리   어신통법   실득선교   영차

菩薩로 境界無礙하야 周行法界하야 恒不休息하며
보살   경계무애   주행법계   항불휴식

令此菩薩로 得無礙智하야 畢竟淸淨하며 令此菩
영차보살   득무애지   필경청정   영차보

薩로 以神通力으로 一切世界에 示現成佛이니라
살   이신통력   일체세계   시현성불

"이 보살로 하여금 일제 법에 다 능히 명료하게 하며, 이 보살로 하여금 모든 감관이 영리하여 신통한 법에 모두 교묘함을 얻게 하며, 이 보살로 하여금 경계에 장애가 없이 법계에 두루 다니면서 쉬지 않게 하며, 이

보살로 하여금 걸림 없는 지혜를 얻어 필경에 청정하게 하며, 이 보살로 하여금 신통한 힘으로 일체 세계에서 성불成佛함을 나타내 보이게 하느니라."

다시 또 이 삼매에 머문 보살로 하여금 일체 법에 다 능히 명료하게 하며, 모든 감관이 영리하여 신통한 법에 모두 교묘함을 얻게 한다.

5) 열 가지 바다를 얻는 이익

_{불자} _{보살마하살} _{주차삼매} _{득십종해}
佛子야 **菩薩摩訶薩**이 **住此三昧**에 **得十種海**하나니

_{하자} _{위십} _{소위득제불해} _{함도견고} _{득중}
何者가 **爲十**고 **所謂得諸佛海**니 **咸觀見故**며 **得衆**

_{생해} _{실조복고} _{득제법해} _{능이지혜} _{실요}
生海니 **悉調伏故**며 **得諸法海**니 **能以智慧**로 **悉了**

_{지고}
知故며

"불자여, 보살마하살이 이 삼매에 머무르면 열 가지

의 바다를 얻나니, 무엇이 열인가. 이른바 모든 부처님 바다를 얻나니 모두 보는 연고며, 중생 바다를 얻나니 모두 조복시키는 연고며, 모든 법의 바다를 얻나니 능히 지혜로써 다 아는 연고며,

得諸刹海니 **以無性無作神通**으로 **皆往詣故**며 **得功德海**니 **一切修行**이 **悉圓滿故**며 **得神通海**니 **能廣示現**하야 **令開悟故**며 **得諸根海**니 **種種不同**을 **悉善知故**며

모든 세계 바다를 얻나니 성품도 없고 지음도 없는 신통으로 다 나아가는 연고며, 공덕 바다를 얻나니 온갖 것을 수행하여 모두 원만한 연고며, 신통 바다를 얻나니 널리 나타내어 깨닫게 하는 연고며, 모든 근성 바다[諸根海]를 얻나니 갖가지 같지 아니한 것을 다 잘 아는 연고며,

得諸心海ㅣ니 知一切衆生의 種種差別無量心故며 得諸行海ㅣ니 能以願力으로 悉圓滿故며 得諸願海ㅣ니 悉使成就하야 永淸淨故ㅣ니라

 모든 마음 바다를 얻나니 일체 중생의 갖가지로 차별한 한량없는 마음을 아는 연고며, 모든 수행修行 바다를 얻나니 능히 서원하는 힘으로 다 원만한 연고며, 모든 서원 바다를 얻나니 모두 성취하여 영원히 청정케 하는 연고이니라."

 보살이 법계에 자재한 큰 삼매에 머물러 얻는 다섯 번째 이익은 열 가지 바다를 얻는 것이다. 모든 부처님 바다를 얻고, 중생 바다를 얻고, 모든 법의 바다를 얻고, 모든 세계 바다를 얻고, 공덕 바다를 얻는 것 등이다.

6) 열 가지 수승함을 얻는 이익

佛^불子^자야 菩^보薩^살摩^마訶^하薩^살이 得^득如^여是^시十^십種^종海^해已^이에 復^부得^득 十^십種^종殊^수勝^승하나니 何^하等^등이 爲^위十^십고 一^일者^자는 於^어一^일切^체衆^중生^생 中^중에 最^최爲^위第^제一^일이요 二^이者^자는 於^어一^일切^체諸^제天^천中^중에 最^최爲^위 殊^수特^특이요 三^삼者^자는 於^어一^일切^체梵^범王^왕中^중에 最^최極^극自^자在^재요 四^사 者^자는 於^어諸^제世^세間^간에 無^무所^소染^염着^착이요

"불자여, 보살마하살이 이와 같은 열 가지 바다를 얻고는 다시 열 가지의 수승함을 얻나니, 무엇이 열인가. 하나는 일체 중생 가운데 가장 제일이며, 둘은 일체 모든 하늘 가운데 가장 특별하며, 셋은 모든 범천왕 가운데 가장 자재하며, 넷은 모든 세간에 물들지 않으며,

五^오者^자는 一^일切^체世^세間^간이 無^무能^능映^영蔽^폐요 六^육者^자는 一^일切^체諸^제

魔가 不能惑亂이요 七者는 普入諸趣호대 無所罣
礙요 八者는 處處受生이 知不堅固요 九者는 一切
佛法에 皆得自在요 十者는 一切神通을 悉能示現
이니라

다섯은 모든 세간이 가려 버릴 수 없으며, 여섯은 모든 마군이 미혹하게 하지 못하며, 일곱은 여러 길에 두루 들어가도 걸림이 없으며, 여덟은 처처處處에 태어나는 것이 견고하지 못함을 알며, 아홉은 온갖 불법佛法에 자재함을 얻으며, 열은 일체 신통을 모두 나타내 보이는 것이니라."

앞에서 열 가지 바다를 얻고 나서 다시 열 가지 수승함을 얻는다. 보살이 법계에 자재한 큰 삼매에 머물러 얻는 이익을 낱낱이 살펴보면 일체 불법을 남김없이 다 성취한다는 것이다. 일반적으로 선정을 통해서 지혜를 얻는다고 하지만 모든 불법은 이 선정을 의지하여 성취됨을 알 수 있다.

7〉열 가지 힘을 얻는 이익

佛_불子_자야 菩_보薩_살摩_마訶_하薩_살이 得_득如_여是_시十_십種_종殊_수勝_승已_이하야는 復_부得_득十_십種_종力_력하야 於_어衆_중生_생界_계에 修_수習_습諸_제行_행하나니 何_하等_등이 爲_위十_십고 一_일은 謂_위勇_용健_건力_력이니 調_조伏_복世_세間_간故_고요 二_이는 謂_위精_정進_진力_력이니 恒_항不_불退_퇴轉_전故_고요 三_삼은 謂_위無_무着_착力_력이니 離_이諸_제垢_구染_염故_고요

"불자여, 보살마하살이 이와 같은 열 가지 수승함을 얻고는 다시 열 가지 힘을 얻어 중생세계에서 여러 행을 닦나니, 무엇이 열인가. 하나는 용맹한 힘이니 세간을 조복시키는 연고요, 둘은 정진하는 힘이니 항상 물러나지 않는 연고요, 셋은 집착하지 않는 힘이니 모든 때를 여읜 연고요,

四는 謂寂靜力이니 於一切法에 無諍論故요 五는 謂逆順力이니 於一切法에 心自在故요 六은 謂法性力이니 於諸義中에 得自在故요

넷은 고요한 힘이니 모든 법에 다투는 일이 없는 연고요, 다섯은 거스르고 순[順]한 힘이니 온갖 법에 마음이 자유로운 연고요, 여섯은 법의 성품의 힘이니 모든 이치에 자재함을 얻는 연고요,

七은 謂無礙力이니 智慧廣大故요 八은 謂無畏力이니 能說諸法故요 九는 謂辯才力이니 能持諸法故요 十은 謂開示力이니 智慧無邊故라

일곱은 걸림이 없는 힘이니 지혜가 광대한 연고요, 여덟은 두려움이 없는 힘이니 모든 법을 능히 설하는

연고요, 아홉은 말 잘하는 힘이니 모든 법을 능히 지니는 연고요, 열은 열어 보이는 힘이니 지혜가 그지없는 연고이니라."

보살이 법계에 자재한 큰 삼매에 머물면 온갖 이익을 얻음을 밝히고 있다. 그 일곱 번째는 열 가지 힘을 얻는 이익인데 보살이 열 가지 수승함을 얻고는 다시 열 가지 힘을 얻어 중생세계에서 여러 가지 행을 닦는다. 중생세계에서 여러 가지 행을 닦는 데 어떤 힘이 필요할까. 용맹한 힘과 정진의 힘과 집착이 없는 힘과 고요한 힘과 거스르고 순한 힘과 법의 성품의 힘과 걸림이 없는 힘과 두려움이 없는 힘과 변재의 힘과 열어 보이는 힘이다. 이와 같은 힘을 갖추어야 중생세계에서 여러 가지 행을 닦을 수 있게 된다. 그리고 또 이와 같은 힘은 곧 아래에서 밝히는 갖가지 힘을 불러오게 된다. 삼매의 힘이 어떠하다는 것을 새삼 알게 한다.

불자 차십종력 시광대력 최승력 무
佛子야 **此十種力**이 **是廣大力**이며 **最勝力**이며 **無**

능최복력　　무량력　　선집력　　부동력　　견
能摧伏力이며 **無量力**이며 **善集力**이며 **不動力**이며 **堅**

고력　　지혜력　　성취력　　승정력
固力이며 **智慧力**이며 **成就力**이며 **勝定力**이며

"불자여, 이 열 가지 힘은 곧 광대한 힘이며, 가장 수승한 힘이며, 꺾지 못하는 힘이며, 한량없는 힘이며, 잘 모으는 힘이며, 동요하지 않는 힘이며, 견고한 힘이며, 지혜의 힘이며, 성취하는 힘이며, 훌륭한 선정의 힘이며,

청정력　　극청정력　　법신력　　법광명력
淸淨力이며 **極淸淨力**이며 **法身力**이며 **法光明力**이며

법등력　　법문력　　무능괴력　　극용맹력
法燈力이며 **法門力**이며 **無能壞力**이며 **極勇猛力**이며

대장부력　　선장부수습력
大丈夫力이며 **善丈夫修習力**이며

청정한 힘이며, 매우 청정한 힘이며, 법신의 힘이며, 법의 광명의 힘이며, 법의 등불의 힘이며, 법문의 힘이며, 깨뜨릴 수 없는 힘이며, 지극히 용맹한 힘이며, 대

장부의 힘이며, 훌륭한 대장부의 닦아 익히는 힘이며,

成正覺力(성정각력)이며 過去積集善根力(과거적집선근력)이며 安住無量善根力(안주무량선근력)이며 住如來力力(주여래력력)이며 心思惟力(심사유력)이며 增長菩薩歡喜力(증장보살환희력)이며 出生菩薩淨信力(출생보살정신력)이며 增長菩薩勇猛力(증장보살용맹력)이며

바른 깨달음을 이루는 힘이며, 과거에 착한 뿌리를 쌓은 힘이며, 한량없는 착한 뿌리에 머무는 힘이며, 여래의 힘에 머무는 힘이며, 마음으로 생각하는 힘이며, 보살의 기쁨을 더하는 힘이며, 보살의 청정한 신심信心을 내는 힘이며, 보살의 용맹을 늘게 하는 힘이며,

菩提心所生力(보리심소생력)이며 菩薩淸淨深心力(보살청정심심력)이며 菩薩

殊勝深心力이며 菩薩善根熏習力이며 究竟諸法力이며 無障礙身力이며 入方便善巧法門力이며 淸淨妙法力이며 安住大勢하야 一切世間이 不能傾動力이며 一切衆生이 無能映蔽力이니라

　보리심菩提心으로 생기는 힘이며, 보살의 청정하고 깊은 마음의 힘이며, 보살의 수승하고 깊은 마음의 힘이며, 보살의 착한 뿌리로 훈습하는 힘이며, 모든 법을 구경까지 깨달은 힘이며, 장애가 없는 몸의 힘이며, 방편과 교묘한 법문에 들어간 힘이며, 청정하고 미묘한 법의 힘이며, 큰 세력에 머물러서 모든 세간이 흔들지 못하는 힘이며, 일체 중생이 능히 가릴 수 없는 힘이니라."

　위에서 밝힌 열 가지 힘은 곧 이와 같은 온갖 힘을 불러오는데 그 힘을 낱낱이 밝혔다. 경에서 "이 열 가지 힘은 곧 광대한 힘이며, 가장 수승한 힘이며, 꺾지 못하는 힘이며, 한

량없는 힘이며, 잘 모으는 힘이며, 동요하지 않는 힘이며, 견고한 힘이며, 지혜의 힘이며, 성취하는 힘이며, 훌륭한 선정의 힘 등이다."라고 하여 38가지의 힘을 들었다.

8) 능히 잘하는 이익

佛_불子_자야 此_차菩_보薩_살摩_마訶_하薩_살이 於_어如_여是_시無_무量_량功_공德_덕法_법에
能_{능생}生하며 能_{능성취}成就하며 能_{능원만}圓滿하며 能_{능조명}照明하며 能_{능구족}具足하며 能_{능변구족}徧具足하며 能_{능광대}廣大하며 能_{능견고}堅固하며 能_{능증장}增長하며 能_{능정치}淨治하며 能_{능변정치}徧淨治하나니라

"불자여, 이 보살마하살이 이와 같은 한량없는 공덕을 능히 내고, 능히 성취하고, 능히 원만하고, 능히 비추고, 능히 갖추고, 능히 두루 구족하고, 능히 광대하고, 능히 견고하고, 능히 증장하고, 능히 깨끗하게 다스리고, 능히 두루 깨끗하게 다스리느니라."

보살이 법계에 자재한 큰 삼매에 머물면 온갖 이익을 얻음을 밝히고 있다. 그 여덟 번째는 한량없는 공덕을 능히 내고, 능히 성취하고, 능히 원만하고, 능히 비추고, 능히 갖추는 것 등이다.

9) 열 가지 변제邊際를 설할 수 없는 이익

此菩薩_의 功德邊際_와 智慧邊際_와 修行邊際_와
法門邊際_와 自在邊際_와 苦行邊際_와 成就邊際_와
淸淨邊際_와 出離邊際_와 法自在邊際_를 無能說者니라

"이 보살의 공덕의 변제邊際와, 지혜의 변제와, 수행의 변제와, 법문의 변제와, 자재의 변제와, 고행의 변제와, 성취의 변제와, 청정의 변제와, 뛰어남의 변제와, 법에 자재한 변제를 능히 설할 이가 없느니라."

아홉 번째로 열 가지 변제邊際를 설할 수 없는 이익이 있음을 밝혔다. 변제邊際란 끝 간 데를 뜻한다. 즉 보살이 법계에 자재한 삼매에 머물면 공덕의 끝 간 데와 지혜의 끝 간 데와 수행의 끝 간 데 등을 능히 설할 이가 없다.

10〉 열 가지 다 설할 수 없는 것의 이익

차보살의 소획득과 소성취와 소취입과 소현전과
此菩薩의 **所獲得**과 **所成就**와 **所趣入**과 **所現前**과

소유경계와 소유관찰과 소유증입과 소유청정과
所有境界와 **所有觀察**과 **所有證入**과 **所有淸淨**과

소유요지와 소유건립인 일체법문을 어불가설겁
所有了知와 **所有建立**인 **一切法門**을 **於不可說劫**

무능설진
에 **無能說盡**이니라

"이 보살의 얻은 것과, 성취한 것과, 나아간 것과, 앞에 나타난 것과, 가진 경계와, 가진 관찰과, 가진 증득과, 가진 청정과, 분명히 아는 것과, 건립한 것 등의 온갖 법문을 말할 수 없는 겁에도 다 설할 수 없느니라."

열 번째로 보살이 법계에 자재한 큰 삼매에 머물면 열 가지 다 설할 수 없는 것의 이익이 있음을 밝혔다. 즉 얻은 것과 성취한 것과 나아간 것과 앞에 나타난 것 등을 말할 수 없는 겁에도 다 설할 수 없다.

11) 한량없는 모든 삼매를 다 아는 이익

佛子야 菩薩摩訶薩이 住此三昧에 能了知無數無量無邊無等不可數不可稱不可思不可量不可說不可說不可說一切三昧하나니라

"불자여, 보살마하살이 이 삼매에 머물면 수없고, 한량없고, 그지없고, 같을 이 없고, 셀 수 없고, 일컬을 수 없고, 생각할 수 없고, 헤아릴 수 없고, 말할 수 없고, 말할 수 없이 말할 수 없는 모든 삼매를 분명히 아느니라."

彼一一三昧_의 所有境界_가 無量廣大_{하니} 於境
界中_에 若入_과 若起_와 若住_의 所有相狀_과 所有示
現_과 所有行處_와 所有等流_와 所有自性_과 所有除
滅_과 所有出離_인 如是一切_를 靡不明見_{이니라}

"저 낱낱 삼매에 있는 바 경계가 한량없이 광대하거든 저러한 경계에 들어가고 일어나고 머무는 일과 거기 있는 형상과 나타내는 일과 행行할 곳과 평등하게 흐름과 제 성품과 없애는 것과 뛰어난 것인 이와 같은 모든 것을 분명하게 보지 못하는 것이 없느니라."

열한 번째로 다시 한량없는 모든 삼매를 다 아는 이익을 얻음을 밝혔다. "보살마하살이 이 삼매에 머물면 수없고, 한량없고, 그지없고, 같을 이 없고, 셀 수 없고, 일컬을 수 없고, 생각할 수 없고, 헤아릴 수 없고, 말할 수 없고, 말할 수 없이 말할 수 없는 모든 삼매를 분명히 아느니라."라고 하였다. 그리고 그 낱낱 삼매의 경계가 한량없이 광대한 것 등을 다 밝게 본다.

(4) 비유를 들어 밝히다

佛_불子_자야 譬_비如_여無_무熱_열惱_뇌大_대龍_용王_왕宮_궁에 流_유出_출四_사河_하호대 無_무濁_탁無_무雜_잡하며 無_무有_유垢_구穢_예하야 光_광色_색淸_청淨_정이 猶_유如_여虛_허空_공이어든 其_기池_지四_사面_면에 各_각有_유一_일口_구하야 一_일一_일口_구中_중에 流_유出_출一_일河_하호대

"불자여, 비유하자면 마치 무열뇌_{無熱惱} 연못 큰 용왕의 궁전에서 네 강이 흘러나오는데, 흐리지도 않고 잡란하지도 않고, 더러움이 없고 빛이 깨끗하기가 마치 허공과 같으며, 그 연못의 사면에는 각각 한 개의 어귀가 있고, 낱낱 어귀마다 강이 하나씩 흐르느니라."

모든 삼매를 원만하게 구족한 보살이 세상에 출현하여

보살이 하고자 하는 불사佛事를 마음껏 지을 때 그 광경이 어떠할까? 어떻게 하면 만족한 표현이 될까? 어떤 비유를 들어야 그 광경이 환하게 드러날 수 있을까?

모든 삼매를 원만히 구족한 보살은 이제 한량없는 중생을 제도할 준비가 완전하게 갖추어졌다는 뜻이다. 그 상태를 여러 가지로 설명할 수 있겠으나 간략히 말한다면 마음에는 지혜와 자비가 원만하게 갖추어졌고, 중생들을 교화하는 데 필요한 네 가지 걸림 없는 변재[四無礙辯]를 방편으로 하여 사방으로 그 지혜와 자비의 물을 마음껏 흘려보내어 온 세상 중생을 흠뻑 적시는 일이라고 할 수 있을 것이다.

그와 같이 보살이 세상을 향하여 불사 짓는 일을 청정하고 시원하여 뜨거운 대지를 청량하게 적시는 네 개의 큰 강에 비유하여 보았다. 네 개의 큰 강의 근원은 무열뇌無熱惱연못 큰 용왕의 궁전에서 시작한다. 혹은 무열無熱연못이라고도 하는데 뜨거운 열기가 없는 무열연못이란 보살의 지혜와 자비의 마음이다. 곧 보리심菩提心이며 불심佛心이다. 보살의 보리심과 불심에서 사방으로 흘러넘치는 네 개의 강물은 혼탁하지 않고 잡란하지도 않고 더러움이 없어 그 빛이 투명하기가 마치 가을 하늘과 같다.

사방으로 흘러넘치는 네 개의 큰 강물에 보살의 중생들의 뜨거운 번뇌의 열기를 식힐 사무애변四無礙辯을 비유하였다. 사무애변은 사무애지四無礙智 · 사무애해四無礙解라고도 하는데 마음의 방면으로는 지혜라 하고 그 지혜를 드러낼 입의 방면으로는 변재라 한다.

첫째는 법무애法無礙로서 온갖 부처님의 교법에 통달한 것을 말한다. 둘째는 의무애義無礙로서 온갖 교법의 요의要義를 아는 것을 말한다. 셋째는 사무애辭無礙로서 여러 가지 말을 알아 통달하지 못함이 없는 것을 말한다. 넷째는 요설무애樂說無礙로서 온갖 교법을 알아 온갖 중생들이 알아듣기 좋아하는 것을 말한다. 이러한 의미를 경전에서는 무열연못과 네 개의 강물에 비유하여 넉넉하게 설명하고 있다.

於象口中엔 出恒伽河하고 獅子口中엔 出私陀河하고 於牛口中엔 出信度河하고 於馬口中엔 出縛

추 하
駌河하며

"코끼리 어귀[象口]에서는 항하[恒伽]강이 흘러나오고, 사자 어귀[獅子口]에서는 사타私陀강이 흘러나오고, 소 어귀[牛口]에서는 신도信度강이 흘러나오고, 말 어귀[馬口]에서는 박추縛駌강이 흘러나오느니라."

무열연못에서 사방으로 흘러넘치는 어귀[口]를 각각 코끼리, 사자, 소, 말로 표현하였다. 코끼리의 어귀에서는 항하강이 흘러나오고, 사자의 어귀에서는 사타강이 흘러나오고, 소의 어귀에서는 신도강이 흘러나오고, 말의 어귀에서는 박추강이 흘러나온다. 이 사대 강에서 흘러나오는 물은 곧 네 가지 걸림 없는 변재다.

기 사 대 하 유 출 지 시 　 항 가 하 구 　 유 출 은 사
其四大河流出之時에 **恒伽河口**엔 **流出銀沙**

사 타 하 구 　 유 출 금 강 사 　 신 도 하 구 　 유 출
하고 **私陀河口**엔 **流出金剛沙**하고 **信度河口**엔 **流出**

금사　　　박추하구　　 유출유리사
金沙하고 縛芻河口엔 流出瑠璃沙하야

"네 개의 큰 강이 흐를 적에 항하강 어귀에서는 은모래가 흘러나오고, 사타강 어귀에서는 금강金剛모래가 흘러나오고, 신도강 어귀에서는 금모래가 흘러나오고, 박추강 어귀에서는 유리모래가 흘러나오느니라."

사대 강에서 물이 흘러나올 적에 아름답기 그지없는 모래들이 함께 흘러나오는데 은모래, 금강모래, 금모래, 유리모래다. 네 가지 변재에서 설해지는 아름답고 미묘한 법문의 내용들이다.

　항가하구　　 작백은색　　　 사타하구　　작금강
恒伽河口는 作白銀色하고 私陀河口는 作金剛
색　　 신도하구　　 작황금색　　　 박추하구　　 작유
色하고 信度河口는 作黃金色하고 縛芻河口는 作瑠
리색　　 일일하구　광　 일유순
璃色하며 一一河口가 廣이 一由旬이요

"항하강 어귀는 흰 은빛이요, 사타강 어귀는 금강빛이요, 신도강 어귀는 황금빛이요, 박추강 어귀는 유리빛이며, 낱낱 강의 어귀는 너비가 한 유순이니라."

사대 강 어귀마다 각각 아름다운 빛을 띠었으니 흰 은빛과 금강빛과 황금빛과 유리빛이고 낱낱 강의 어귀는 너비가 1유순이다. 1유순은 14.4킬로미터라고 한다. 네 강의 각각 어귀 너비가 14.4킬로미터라면 그 근원인 무열연못의 크기는 얼마나 될까. 아래의 경문에 둘레[周圍]가 50유순이라고 하였다. 또 종광縱廣이 50유순이라고도 하였다. 50 곱하기 14.4는 720킬로미터다. 이것은 둘레나 지름이다. 전체 면적은 대강 계산하여 남북을 합친 우리나라 전체 면적과 비슷하다. 그렇다면 각각의 어귀에서 흘러나오는 물의 양은 1초당 몇 톤이나 될까. 이와 같이 큰 네 강의 어귀에서 아름답고 청량한 물이 흘러넘쳐서 온 세상을 흠뻑 적신다. 즉 무수한 보살들이 네 가지 길림 없는 변제로써 이 세상 어리석은 중생의 미혹을 남김없이 걷어 내는 광경이다.

其_기四_사大_대河_하가 旣_기流_유出_출已_이에 各_각共_공圍_위遶_요大_대池_지七_칠帀_잡하야

隨_수其_기方_방面_면하야 四_사向_향分_분流_류호대 澒_홍涌_용奔_분馳_치하야 入_입於_어大_대

海_해라

"그 네 강의 강물이 흘러나와서는 제각기 큰 연못을 일곱 번 돌면서 흐르고 그 방면을 따라 사방으로 나뉘어 흐르는데 도도히 흘러넘치면서 큰 바다로 들어가느니라."

또 그 네 강물은 흘러가면서 강의 근원인 무열 큰 연못을 일곱 번이나 돌아 네 방향으로 도도히 흐르면서 큰 바다로 들어간다. 이 광경은 마치 우주의 소용돌이와 매우 비슷하다.

다시 정리하면 무열이라는 큰 연못이 있고 그 연못에 네 개의 어귀가 있어 네 방향으로 강물이 흐르는데 각각의 강물이 무열연못을 일곱 바퀴씩 돌고 큰 바다로 들어가는 모습이다. 근래에는 우주에 대한 연구가 매우 발전하여 이 지

구가 속해 있는 우주가 소용돌이치면서 유지하는 모습을 그림으로 나타낸 것을 많이 볼 수 있다. 무열연못과 네 개의 강물이 돌아가면서 바다로 들어가는 모습을 상상해 보면 우주의 소용돌이와 매우 닮았다.

또 다중우주多重宇宙에 대한 이론까지 등장하여 지구가 속해 있는 우주와 같은 우주들이 무수히 많다고들 한다. 그래서 이 지구상에서 살아가는 사람들의 모습이나 생각이나 문화나 학문이나 예술 등이 유사한 우주가 얼마든지 있을 것이라는 이론을 전개한다. 하지만 그러면서 화엄경의 화장장엄세계를 언급하지 않는 것은 대단히 유감이라고 생각한다. 서양의 우주물리학자들은 아마도 화엄경을 읽지 않는 듯하다. 만약 브라이언 그린(Brian Greene)의 다중우주론이나 칼 세이건(Carl Sagan)의 『코스모스』에서 이 화엄경의 화장장엄세계를 거론하였다면 화엄경이 세상에 더 널리 알려졌을 것으로 생각한다.

강물들이 흘러넘치면서 큰 바다로 들어가는 것은 일체 중생을 교화하여 남김없이 일체 지혜의 바다에 다 모이게 하는 것이다.

其河旋遶一一之間에 有天寶所成優鉢羅華와
波頭摩華와 拘物頭華와 芬陀利華가 奇香發越하고
妙色淸淨하야 種種華葉과 種種臺藥가 悉是衆寶라
自然映徹하고 咸放光明하야 互相照現하며

"그 강들이 둘러 흐르는 낱낱 사이에는 하늘보석으로 된 청련화靑蓮華와 홍련화紅蓮華와 황련화黃蓮華와 백련화白蓮華가 피었으니 기이한 향기가 진동하고, 아름다운 빛깔이 깨끗하며, 갖가지 꽃과 잎과 갖가지 받침[臺]과 꽃술이 모두 보배로 되어 자연히 밝게 사무치며 광명을 놓아 서로서로 비추었느니라."

네 강물이 흘러가는 하나하나의 사이마다 네 종류의 보석으로 된 연꽃이 만발하여 미묘한 아름다움을 뽐내고, 기이한 향기가 진동하고, 각각의 보석에서는 빛을 발하여 서로서로를 환하게 비춘다. 불국토의 청정장엄이 어딘들 없겠는가. 화엄경 서두에 "세존이 비로소 정각을 이루시니 그 땅은 견고하여 다이아몬드로 되었더라."라고 하지 않았던가.

其無熱池^의 周圍廣大^가 五十由旬^{이요} 衆寶妙沙^가 徧布其底^{하며} 種種摩尼^로 以爲嚴飾^{하며} 無量妙寶^로 莊嚴其岸^{하며} 栴檀妙香^{으로} 普散其中^{하며}

"그 무열연못 둘레는 크기가 오십 유순인데 온갖 보배의 아름다운 모래가 그 바닥에 깔리었고, 갖가지 마니로 꾸몄으며, 한량없는 아름다운 보배로 그 언덕을 장엄하고, 전단향을 그 가운데 흩었느니라."

무열연못의 둘레가 50유순이라고 하였다. "온갖 보배의 아름다운 모래가 그 바닥에 깔리었고, 갖가지 마니로 꾸미었으며, 한량없는 아름다운 보배로 그 언덕을 장엄하고, 전단향을 그 가운데 흩었다."는 것은 보리심, 즉 불심의 미묘함과 위대함과 존귀함이 이와 같다는 뜻이리라.

우발라화   파두마화   구물두화   분타리화
優鉢羅華와 **波頭摩華**와 **拘物頭華**와 **芬陀利華**와

급여보화   개실변만   미풍취동   향기원철
及餘寶華가 **皆悉徧滿**하야 **微風吹動**에 **香氣遠徹**

         화림보수   주잡위요   일광출시   보개조
하며 **華林寶樹**가 **周帀圍遶**하며 **日光出時**에 **普皆照**

명   지하내외   일체중물   접영연휘   성광
明하야 **池河內外**에 **一切衆物**이 **接影連輝**하야 **成光**

명 망
明網하니

"청련화와 홍련화와 황련화와 백련화와 그리고 그 외에 다른 보배꽃들이 가득히 피어 실바람이 불 적마다 향기가 멀리 풍기고, 꽃 숲과 보배나무가 두루두루 둘러섰으며, 해가 뜰 때는 널리 다 밝게 비추어 연못 속과 강 밖 온갖 사물들의 빛과 그림자가 한데 닿아서 광명 그물을 이루느니라."

네 강이 흐르는 사이사이마다 네 가지 연꽃이 아름답게 가득 피어 있고 미풍이 불 때마다 그 향기가 멀리까지 풍긴다. 보살이 네 가지 걸림 없는 변재로 중생을 제도하고 성숙

시키는 교화의 향기가 그와 같으리라.

如是衆物의 若遠若近과 若高若下와 若廣若狹과 若麤若細와 乃至極小한 一沙一塵에 悉是妙寶가 光明鑒徹하야 靡不於中에 日輪影現하며 亦復展轉更相現影하야 如是衆影이 不增不減이며 非合非散이라 皆如本質하야 而得明見이니라

"이와 같은 여러 물건이 멀거나 가깝거나, 높거나 낮거나, 넓거나 좁거나, 크거나 작거나, 내지 가장 작은 모래와 먼지까지도 모두 보배광명에 밝게 비치며, 그 가운데 모두 햇빛을 받아 그림자가 니타나고, 또한 다시 서로서로 비치어 영상이 나타나나 이와 같은 모든 그림자가 늘지도 않고 줄지도 않으며 합하지도 않고 흩어지지도 아니하여 모두 본바탕대로 분명히 볼 수 있느

니라."

　중생의 종류에는 구류중생九類衆生이라고 하여 기본적으로 아홉 가지가 있고, 각 종류마다 다시 또 9품으로 그 근기가 나뉜다. 이와 같이 각양각색으로 많은 종류의 중생들에게 진리의 광명이 모두 비치어 부처님 법의 즐거움을 다 같이 누리게 되는 것이다.

(5) 비유에 대하여 열일곱 가지 문으로 합하여 밝히다

佛子야 如無熱大池가 於四口中에 流出四河하야 入於大海인달하야 菩薩摩訶薩도 亦復如是하야 從四辯才로 流出諸行하야 究竟入於一切智海니라

　"불자여, 무열 큰 연못에서 네 어귀로부터 네 강이 흘러서 큰 바다에 들어가듯이 보살마하살도 또한 그와 같아서 네 가지 변재로부터 모든 행을 흘려 내어 구경

에는 일체 지혜의 바다에 들어가느니라."

위에서 든 비유를 낱낱이 법과 합하여 그 뜻을 밝혔다. 무열 큰 연못은 보리심이다. 네 어귀에서 네 개의 강물이 흘러나오는 것은 네 가지 걸림 없는 변재[四辯才]로 중생을 교화하는 일이며, 강물이 흘러 큰 바다로 들어가는 것은 모든 수행을 유출하여 구경에는 일체 지혜의 바다에 들어가는 것을 말한다.

사변재四辯才에 대해 다시 한 번 살펴보면 사무애변四無礙辯 또는 사무애지四無礙智, 사무애해四無礙解라고도 하는데 마음의 방면으로는 지혜이고 입의 방면으로는 변재라 한다. 화엄경의 순서로는 먼저 의무애변義無礙辯으로서 온갖 교법의 요의要義를 아는 것인데 즉 팔만사천 가르침의 이치와 뜻을 걸림없이 다 아는 지혜로써 설법하는 일이다. 두 번째 법무애변法無礙辯은 온갖 교법에 통달한 것이다. 세 번째는 사무애변辭無礙辯으로서 여러 가지 말을 알아 통달하지 못함이 없어서 모든 중생들의 언어를 다 쓸 줄 아는 것이다. 네 번째는 요설무애변樂說無礙辯이다. 온갖 교법을 알아 일체 근기의 중생들이 듣기 좋아하는 것을 말하는 데 자유자재한 것이다. 사바세계에서는 음성이 교화의 본체인 까닭에 보리심을 언어에 의지하여 널리 펼치기 때문이다. 아래에는 하나하나 비유에 배대하여 밝힌다.

如恒伽大河가 **從銀色象口**로 **流出銀沙**인달하야
菩薩摩訶薩도 **亦復如是**하야 **以義辯才**로 **說一切**
如來所說一切義門하야 **出生一切淸淨白法**하야
究竟入於無礙智海니라

"마치 항하 큰 강이 은빛인 코끼리 어귀에서 은모래가 흘러내리듯이, 보살마하살도 또한 그와 같아서 뜻을 잘 아는 변재[義辯才]로 일체 여래가 말씀하신 온갖 뜻을 설하여 일체 청정한 흰 법을 내어서 구경에는 걸림이 없는 지혜 바다에 들어가느니라."

먼저 항하 큰 강, 은빛 코끼리 어귀, 은모래를 보살이 뜻을 잘 아는 변재[義辯才]로 일체 여래가 말씀하신 온갖 뜻을 설하여 일체 청정한 맑은 법을 내어서 구경에는 걸림이 없는 지혜 바다에 들어가는 것에 비유하였다.

如私陀大河가 **從金剛色獅子口**로 **流出金剛沙**인달하야 **菩薩摩訶薩**도 **亦復如是**하야 **以法辯才**로 **爲一切衆生**하야 **說佛金剛句**하고 **引出金剛智**하야 **究竟入於無礙智海**니라

"마치 사타 큰 강이 금강빛인 사자 어귀에서 금강모래가 흘러내리듯이, 보살마하살도 또한 그와 같아서 법을 잘 아는 변재[法辯才]로 일체 중생을 위하여 부처님의 금강 같은 글귀를 말하여 금강 같은 지혜를 끌어내고 구경에는 걸림이 없는 지혜 바다에 들어가느니라."

다음은 사타 큰 강, 금강빛 사자 어귀, 금강모래를 보살이 법을 잘 아는 변재[法辯才]로 일체 중생을 위하여 부처님의 금강 같은 글귀를 말하여 금강 같은 지혜를 끌어내고 구경에는 걸림이 없는 지혜 바다에 들어가는 것에 비유하였다.

如信度大河가 從金色牛口로 流出金沙인달하야 菩薩摩訶薩도 亦復如是하야 以訓詞辯說로 隨順世間緣起方便하야 開悟衆生하야 令皆歡喜調伏成熟하야 究竟入於緣起方便海라

"마치 신도 큰 강이 황금빛인 소 어귀에서 금모래가 흘러내리듯이, 보살마하살도 또한 그와 같아서 훈고訓詁에 능한 변재로 세간의 인연으로 일어나는 방편을 따라 중생을 깨닫게 하고 환희케 하며, 조복시키고 성숙케 하여 구경에는 인연으로 일어나는 방편 바다에 들어가게 하느니라."

신도 큰 강, 황금빛 소 어귀, 금모래를 보살이 훈고訓詁에 능한 변재로 세간의 인연으로 일어나는 방편을 따라 중생을 깨닫게 하고 환희케 하며, 조복시키고 성숙케 하여 구경에는 인연으로 일어나는 방편 바다에 들어가게 하는 것에 비유하였다. 경문에서는 훈사변설訓詞辯說이라고 하였으나 흔히 사무애변辭無礙辯이라고 한다.

여박추대하　　어유리색마구　　유출유리사
如縛芻大河가 於瑠璃色馬口에 流出瑠璃沙

　　　　　　보살마하살　　역부여시　　이무진변
인달하야 菩薩摩訶薩도 亦復如是하야 以無盡辯으로

우백천억나유타불가설법　　영기문자　　개득
雨百千億那由他不可說法하야 令其聞者로 皆得

윤흡　　구경입어제불법해
潤洽하야 究竟入於諸佛法海니라

"마치 박추 큰 강이 유리빛인 말 어귀에서 유리모래가 흘러내리듯이, 보살마하살도 또한 그와 같아서 다함이 없는 변재로 백천억 나유타 말할 수 없는 법을 비 내려 듣는 이로 하여금 윤택하게 하며, 구경에는 모든 부처님 법의 바다에 들어가게 하느니라."

박추 큰 강, 유리빛인 말 어귀, 유리모래를 보살이 다함이 없는 변재[無盡辯]로 백천억 나유타 말할 수 없는 법을 비 내려 듣는 이로 하여금 윤택하게 하며, 구경에는 모든 부처님 법의 바다에 들어가게 하는 것에 비유하였다. 경문에 무진변無盡辯이라고 하였으나 흔히 요설무애변樂說無礙辯이라고 한다.

如四大河가 隨順圍遶無熱池已에 四方入海인달하야 菩薩摩訶薩도 亦復如是하야 成就隨順身業과 隨順語業과 隨順意業하며 成就智爲前導身業과 智爲前導語業과 智爲前導意業하야 四方流注하야 究竟入於一切智海니라

"마치 네 개의 큰 강이 무열연못을 따라 둘러 흐르고는 사방으로 바다에 들어가듯이, 보살마하살도 또한 그와 같아서 남을 따라 주는 몸의 업[隨順身業]과 남을 따라 주는 말의 업業과 남을 따라 주는 뜻의 업을 성취하고, 지혜가 앞에서 인도하는 몸의 업과 지혜가 앞에서 인도하는 말의 업과 지혜가 앞에서 인도하는 뜻의 업을 성취하여 사방으로 흐르다가 구경에는 일체 지혜 바다에 들어가느니라."

네 개의 큰 강이 무열연못을 따라 둘러 흐르고는 사방으로 바다에 들어가는 것을 보살이 중생을 따라 주는 몸의 업과 말의 업과 뜻의 업을 성취하고, 또 지혜가 앞에서 인도하는 몸의 업과 말의 업과 뜻의 업을 성취하여 사방으로 흐르다가 구경에는 일체 지혜 바다에 들어가는 것에 비유하였다.

佛子야 何者가 名爲菩薩四方고 佛子야 所謂見
一切佛하고 而得開悟하며 聞一切法하고 受持不忘

하며 圓滿一切波羅蜜行하며 大悲說法하야 滿足衆生이니라

"불자여, 무엇을 보살의 사방이라 하는가. 불자여, 이른바 일체 부처님을 보고 깨침을 얻으며, 일체 법을 듣고 받아 지니어 잊지 아니하며, 모든 바라밀다행을 원만히 하며, 크게 가엾이 여기는 마음으로 법을 설하여 중생을 만족케 함이니라."

앞의 경문에서 몸과 말과 뜻을 성취하여 사방四方으로 흐른다고 하였는데 그 사방을 부연하였다. 사방이란 부처님을 친견하고, 일체 법을 듣고, 바라밀을 원만히 하고, 중생을 만족하게 하는 것이다.

如四大河가 圍遶大池어든 於其中間에 優鉢羅華와 波頭摩華와 拘物頭華와 芬陀利華가 皆悉徧

滿_{인달하야} 菩薩摩訶薩도 亦復如是_{하야} 於菩提心
中間_에 不捨衆生_{하고} 說法調伏_{하야} 悉令圓滿無
量三昧_{하야} 見佛國土莊嚴淸淨_{이니라}

"마치 네 개의 큰 강이 큰 못을 둘러 흐르는데, 그 중간에 청련화와 홍련화와 황련화와 백련화가 두루 가득히 차 있듯이, 보살마하살도 또한 그와 같아서 보리심의 중간에서 중생을 버리지 않고 법을 설하여 조복시켜 한량없는 삼매를 모두 원만케 하여 부처님 국토의 장엄이 청정함을 보게 하느니라."

보살이 보리심의 중간에서 중생을 버리지 않고 법을 설하여 조복시켜 한량없는 삼매를 모두 원만케 하여 온 세상을 보살행으로 아름답게 장엄한 것이 마치 푸른 연꽃, 붉은 연꽃, 노란 연꽃, 흰 연꽃 등으로 장엄한 네 개의 큰 강이 무열 큰 연못을 휘감고 도는 모습과 같다.

여무열대지   보수위요   보살마하살
如無熱大池에 **寶樹圍遶**인달하야 **菩薩摩訶薩**도

역부여시   현불국토장엄위요   영제중생
亦復如是하야 **現佛國土莊嚴圍遶**하야 **令諸衆生**

　　취향보리
으로 **趣向菩提**니라

"마치 무열 큰 연못에 보배나무가 둘러섰듯이, 보살마하살도 그와 같아서 부처님 국토에 장엄이 둘러 있는 것을 나타내어 모든 중생들로 하여금 보리菩提에 나아가게 하느니라."

모든 중생들로 하여금 보리에 나아가게 하는 부처님 국토의 장엄이란 존재의 실상에 대한 진리의 가르침이다. 사람의 실상과 만물의 실상과 일체 불보살에 대한 실상의 참다운 이치를 드러내는 것이 부처님 국토의 장엄이다. 마치 무열 큰 연못에 보배나무들이 무성하게 둘러서 있는 것과 같다.

여 무 열 대 지　　기 중 종 광　　오 십 유 순　　청 정
如無熱大池가 **其中縱廣**이 **五十由旬**이요 **淸淨**
무 탁　　　　보 살 마 하 살　　역 부 여 시　　보 리 지
無濁인달하야 **菩薩摩訶薩**도 **亦復如是**하야 **菩提之**
심　　기 량 무 변　　　선 근 충 만　　청 정 무 탁
心이 **其量無邊**하야 **善根充滿**하야 **淸淨無濁**이니라

"마치 무열 큰 연못이 길이와 너비가 오십 유순이요, 청정하여 혼탁함이 없듯이 보살마하살도 그와 같아서 보리심의 크기가 끝이 없으며 착한 뿌리가 가득하여 청정하고 흐리지 않으니라."

보리심은 곧 지혜와 자비의 마음이다. 불심佛心이다. 불심은 나와 같이 남을 사랑하고 아끼고 배려하고 보호한다. 나에게 싫은 것은 결코 다른 사람에게 하지 않는 마음이다. 육바라밀과 십바라밀과 십선과 사무량심과 사섭법과 인의예지의 마음이다. 보살에게는 이와 같은 마음이 한량없이 가득하다. 마치 무열 큰 연못이 한없이 넓은데 청정한 향수가 가득한 것과 같다.

如無熱大池가 以無量寶로 莊嚴其岸하고 散栴
檀香하야 徧滿其中인달하야 菩薩摩訶薩도 亦復如
是하야 以百千億十種智寶로 莊嚴菩提心大願之
岸하야 普散一切衆善妙香이니라

"마치 무열 큰 연못이 한량없는 보배로 그 언덕을 장엄하고 전단향을 흩어 그 가운데에 가득하듯이, 보살마하살도 그와 같아서 백천억이 되는 열 가지 지혜 보배로 보리심의 큰 서원의 언덕을 장엄하고, 온갖 여러 가지 선량하고 아름다운 향香을 널리 흩날리느니라."

보살은 백천억이 되는 열 가지 지혜 보배로 보리심의 큰 서원의 언덕을 장엄하고 육바라밀과 십바라밀과 십선과 사무량심과 사섭법과 인의예지의 선근으로 아름다운 향기를 흩날린다. 열 가지 지혜[十種智] 보배란 부처님의 열 가지 지혜를 말한다. 삼세지三世智 · 불법지佛法智 · 법계무애지法界無礙智

· 법계무변지法界無邊智 · 충만일체무변지充滿一切無邊智 · 지일체중생지知一切衆生智 · 지일체법지知一切法智 · 지무변제불지知無邊諸佛智이다. 삼세지는 과거지 · 현재지 · 미래지이다. 이와 같은 백천억이 되는 열 가지 지혜 보배로 보리심의 큰 서원의 언덕을 장엄한다.

如無熱大池가 底布金沙하고 種種摩尼로 間錯
莊嚴인달하야 菩薩摩訶薩도 亦復如是하야 微妙智
慧로 周徧觀察하며 不可思議菩薩解脫種種法寶로
間錯莊嚴하며 得一切法無礙光明하며 住於一切
諸佛所住하며 入於一切甚深方便이니라

"마치 무열 큰 연못이 바닥에는 금모래가 깔렸고 가지가지 마니로 사이사이를 장엄하였듯이, 보살마하살도 그와 같아서 미묘한 지혜로 두루 관찰하여, 헤아릴 수 없는 보살의 해탈인 가지가지 법의 보석으로 사이사이를 장엄하고, 온갖 법에 걸림 없는 광명을 얻으며, 일체 모든 부처님의 머무시는 데 머무르고, 일체 깊고 깊은 방편에 들어가느니라."

보살은 미묘한 지혜로 두루 관찰하여, 헤아릴 수 없는 보살의 해탈인 가지가지 법의 보석으로 사이사이를 장엄한다. 또 온갖 법에 걸림 없는 광명이 있다. 마치 무열 큰 연못이 바닥에는 금모래가 깔렸고 가지가지 마니로 사이사이를 장엄한 것과 같다.

여 아 나 바 달 다 용 왕　　영 리 용 중　　소 유 열 뇌
如阿那婆達多龍王이 **永離龍中**의 **所有熱惱**
　　　　　보 살 마 하 살　　역 부 여 시　　　영 리 일 체 세
인달하야 **菩薩摩訶薩**도 **亦復如是**하야 **永離一切世**
간 우 뇌　　수 현 수 생　　이 무 염 착
間憂惱하야 **雖現受生**이나 **而無染着**이니라

"마치 무열 큰 연못의 아나바달다용왕은 다른 용에

게 있는 뜨거운 번뇌를 아주 여의었듯이, 보살마하살도 그와 같아서 모든 세간의 번뇌와 근심을 여의었으므로 비록 태어남을 나타내지만 물들고 집착하지 않느니라."

또 보살은 모든 세간의 번뇌와 근심을 여의었으므로 비록 태어남을 나타내지만 태어남에 물들고 집착하지 않는다. 보살도 중생들과 같이 몸을 받아 세상에 태어난다. 그러나 중생들은 세상의 번뇌와 집착이 있지만 보살들은 세간의 번뇌와 근심을 여의었다. 그래서 보리살타, 곧 깨달은 중생이라 한다. 마치 아나바달다용왕이 다른 용에게 있는 뜨거운 번뇌를 아주 떠난 것과 같다.

如四大河가 潤澤一切閻浮提地하고 旣潤澤已에 入於大海인달하야 菩薩摩訶薩도 亦復如是하야 以四智河로 潤澤天人沙門婆羅門하야 令其普入阿

녹다라삼먁삼보리지혜대해   이 사 종 력
耨多羅三藐三菩提智慧大海하야 **以四種力**으로

이 위 장 엄
而爲莊嚴하나니

"마치 네 개의 큰 강물이 일체 염부제의 땅을 적시고는 큰 바다에 들어가듯이, 보살마하살도 그와 같아서 네 가지 지혜의 강물로 천신과 사람과 사문과 바라문을 적시고는 그로 하여금 아뇩다라삼먁삼보리의 지혜의 큰 바다에 두루 들게 하며, 네 가지 힘으로 장엄하느니라."

하자   위사   일자   원지하   구호조복일체
何者가 **爲四**오 **一者**는 **願智河**니 **救護調伏一切**

중생   상 불 휴 식
衆生하야 **常不休息**이요

"무엇이 넷인가. 하나는 서원 지혜 강이니 일체 중생을 구호하고 조복하여 항상 쉬지 아니함이요,

이자   바라밀지하   수보리행   요익중생
二者는 波羅密智河니 修菩提行하야 饒益衆生

         거래금세   상속무진   구경입어제불지
하야 去來今世에 相續無盡하야 究竟入於諸佛智

해
海요

 둘은 바라밀다 지혜 강이니 보리의 행을 닦으며 중생을 이익되게 하여 지난 세상과 오는 세상과 지금 세상에 계속하여 다하지 않다가 구경에는 모든 부처님 지혜의 바다에 들어감이요,

 삼자   보살삼매지하   무수삼매   이위장엄
三者는 菩薩三昧智河니 無數三昧로 以爲莊嚴

         견일체불   입제불해
하야 見一切佛하고 入諸佛海요

 셋은 보살 삼매의 지혜 강이니 무수한 삼매로 장엄하여 일체 부처님을 친견하고 모든 부처님 바다에 들어감이요,

사자   대비지하   대자자재   보구중생
四者는 **大悲智河**니 **大慈自在**하야 **普救衆生**호대

방편섭취   무유휴식   수행비밀공덕지문
方便攝取하야 **無有休息**하며 **修行秘密功德之門**

          구경입어십력대해
하야 **究竟入於十力大海**니라

넷은 큰 자비의 지혜 강이니 큰 자비로 자유자재하게 중생을 널리 구원하여 방편으로 거두어서 쉬지 아니하며, 비밀한 공덕의 문을 수행하다가 구경에는 열 가지 힘인 큰 바다에 들어감이니라."

네 개의 큰 강물이 일체 염부제의 땅을 적시고는 큰 바다에 들어가듯이, 보살도 그와 같이 네 가지 지혜의 강물로 천신과 사람과 사문과 바라문을 흠뻑 적시고는 그들로 하여금 가장 높은 깨달음의 지혜의 큰 바다에 두루 들어가게 한다. 그 네 가지 지혜 강이란 서원 지혜 강과 바라밀다 지혜 강과 보살 삼매의 지혜 강과 큰 자비의 지혜 강이다. 즉 보살이 서원을 세우고, 십바라밀을 완성하고, 삼매를 성취하고, 자비를 갖추는 것은 모두가 지혜가 밑받침이 되는 것이다.

여사대하   종무열지   기유출이   구경무진
如四大河가 從無熱池로 旣流出已에 究竟無盡

입어대해   보살마하살   역부여시
하야 入於大海인달하야 菩薩摩訶薩도 亦復如是하야

이대원력   수보살행   자재지견   무유궁
以大願力으로 修菩薩行하야 自在知見이 無有窮

진   구경입어일체지해
盡하야 究竟入於一切智海니라

"마치 네 개의 큰 강이 무열연못으로부터 흘러나와서 구경에는 다함이 없이 큰 바다에 들어가듯이, 보살마하살도 그와 같아서 큰 서원의 힘으로 보살행을 닦으며, 자재하게 알고 보는 것이 다함이 없어 구경에는 일체 지혜의 바다에 들어가느니라."

보살이 큰 서원의 힘으로 보살행을 닦으며, 자재하게 알고 보는 것이 다함이 없어 구경에는 일체 지혜의 바다에 들어가는 것은 마치 네 개의 큰 강이 무열연못으로부터 흘러나와서 구경에는 다함이 없이 큰 바다에 들어가는 것과 같다.

여사대하 입어대해 무능위애 영불입
如四大河가 入於大海에 無能爲礙하야 令不入
자 보살마하살 역부여시 상근수습
者인달하야 菩薩摩訶薩도 亦復如是하야 常勤修習
보현행원 성취일체지혜광명 주어일체
普賢行願하야 成就一切智慧光明하며 住於一切
불보리법 입여래지 무유장애
佛菩提法하야 入如來智호대 無有障礙니라

"마치 네 개의 큰 강이 큰 바다에 들어가는 것을 방해하여 들어가지 못하게 할 이가 없듯이, 보살마하살도 그와 같아서 보현의 행과 원을 항상 부지런히 닦아서 일체 지혜의 광명을 이루고 모든 부처님의 보리법에 머물러서 여래의 지혜에 들어가는 것을 장애할 이가 없느니라."

보살이 보현의 행과 원을 항상 부지런히 닦아서 일체 지혜의 광명을 이루고, 모든 부처님의 보리법에 머물러서 여래의 지혜에 들어가는 것을 장애할 이가 없는 것은 마치 네 개의 큰 강이 큰 바다에 들어가는 것을 방해하여 들어가지 못하게 할 이가 없는 것과 같다.

여사대하   분류입해   경어누겁   역무피
如四大河가 **奔流入海**에 **經於累劫**호대 **亦無疲**

염   보살마하살   역부여시   이보현행
厭인달하야 **菩薩摩訶薩**도 **亦復如是**하야 **以普賢行**

원   진미래겁   수보살행   입여래해
願으로 **盡未來劫**토록 **修菩薩行**하야 **入如來海**호대

불생피염
不生疲厭이니라

"마치 네 개의 큰 강이 흘러서 바다에 들어가는데 여러 겁을 지나도 고달픔을 모르듯이, 보살마하살도 그와 같아서 보현의 행과 원으로 오는 세월이 끝나도록 보살의 행을 닦아서 여래의 바다에 들어가되 고달픈 생각을 내지 않느니라."

보살이 보현의 행과 원으로 오는 세월이 끝나도록 보살의 행을 닦아서 여래의 바다에 들어가되 고달픈 생각을 내지 않는 것은 마치 네 개의 큰 강이 흘러서 바다에 들어가는데 여러 겁을 지나도 고달픔을 모르는 것과 같다.

불자 여일광출시   무열지중금사은사금강
佛子야 **如日光出時**에 **無熱池中金沙銀沙金剛**

사유리사   급여일체종종보물   개유일영   어
沙瑠璃沙와 **及餘一切種種寶物**에 **皆有日影**이 **於**

중현현   기금사등일체보물   역각전전이현
中顯現하며 **其金沙等一切寶物**도 **亦各展轉而現**

기영   호상감철   무소방애
其影하야 **互相鑒徹**하야 **無所妨礙**인달하야

"불자여, 마치 해가 뜰 때에 무열연못에 있는 금모래와 은모래와 금강모래와 유리모래와 그리고 다른 여러 가지 보물들마다 다 해의 영상이 나타나고, 금모래 등의 모든 보물들도 제각기 차츰차츰 영상이 나타나서 서로서로 사무쳐 비치어도 방해가 없는 것처럼

보살마하살   역부여시   주차삼매   어자
菩薩摩訶薩도 **亦復如是**하야 **住此三昧**에 **於自**

신일일모공중   실견불가설불가설불찰미진
身一一毛孔中에 **悉見不可說不可說佛刹微塵**

수 제 불 여 래
數諸佛如來하며

보살마하살도 그와 같아서 이 삼매에 머무르면 제 몸의 낱낱 모공마다 말할 수 없이 말할 수 없는 세계의 작은 먼지 수와 같이 많은 부처님을 보게 되느니라."

역 견 피 불 소 유 국 토 도 량 중 회   일 일 불 소
亦見彼佛所有國土道場衆會하야 **一一佛所**에

청 법 수 지   신 해 공 양   각 경 불 가 설 불 가 설
聽法受持하고 **信解供養**하야 **各經不可說不可說**

억 나 유 타 겁   이 불 상 념 시 절 장 단   기 제 중
億那由他劫호대 **而不想念時節長短**하며 **其諸衆**

회   역 무 박 애
會도 **亦無迫隘**하나니

"또한 그 부처님의 국토와 도량에 모인 대중들을 보며, 낱낱 부처님 계신 데서 법을 듣고, 받아 지니고, 믿고 이해하고 공양하기를 말할 수 없이 말할 수 없는 억 나유타 겁을 지내더라도 시간이 길고 짧은 것을 생각하지 않고 모인 대중들도 또한 비좁지 아니하니라."

보살이 이 법계에 자재한 큰 삼매에 머무르면 제 몸의 낱낱 모공마다에서 무수한 세계의 작은 먼지 수와 같이 많은 부처님을 보게 되며, 또한 부처님의 국토와 도량에 모인 대중들을 보며, 낱낱 부처님 계신 데서 법을 듣고, 받아 지니고, 믿고 이해하고 공양하기를 무수한 겁을 지내더라도 시간이 길고 짧은 것을 생각하지 않고 모인 대중들도 또한 비좁지 아니한 것은, 마치 해가 뜰 때에 무열연못에 있는 금모래와 은모래와 금강모래와 유리모래와 그 외 다른 여러 가지 보물마다 다 해의 영상이 나타나고 또 금모래 등의 모든 보물도 제각기 차츰차츰 영상이 나타나서 서로서로 사무쳐 비치어도 방해가 없는 것과 같다.

何以故ㅇ 以微妙心으로 入無邊法界故며 入無等差別業果故며 入不可思議三昧境界故며 入不思議思惟境界故며 入一切佛自在境界故며

"무슨 까닭인가. 미묘한 마음으로 그지없는 법계에 들어가는 연고며, 같을 이 없는 차별한 업과 과보에 들어가는 연고며, 불가사의한 삼매 경계에 들어가는 연고며, 불가사의한 생각하는 경계에 들어가는 연고며, 모든 부처님의 자유자재한 경계에 들어가는 연고이니라."

득일체불소호념고 득일체불대신변고
得一切佛所護念故며 **得一切佛大神變故**며

득제여래난득난지십종력고 입보현보살행
得諸如來難得難知十種力故며 **入普賢菩薩行**

원만경계고 득일체불무로권신통력고
圓滿境界故며 **得一切佛無勞倦神通力故**니라

"모든 부처님의 호념하심을 얻는 연고며, 모든 부처님의 큰 신통변화를 얻는 연고며, 모든 여래의 얻기 어렵고 알기 어려운 열 가지 힘을 얻는 연고며, 보현보살의 행이 원만한 경계에 들어가는 연고며, 모든 부처님의 피곤함이 없는 신통의 힘을 얻는 연고이니라."

보살이 법계에 자재한 큰 삼매에 머물면 제 몸의 낱낱 모공마다에서 무수한 세계의 작은 먼지 수와 같이 많은 부처님을 보게 되는 등의 공능이 있게 됨을 비유로 밝히고, 다시 그 까닭을 들었다. 보살이 이 삼매에 머물면 미묘한 마음으로 그지없는 법계에 들어가고, 같을 이 없는 차별한 업과 과보에 들어가고, 불가사의한 삼매 경계에 들어가는 것 등의 공능이 있기 때문이다. 또 모든 부처님의 호념하심을 얻고, 모든 부처님의 큰 신통변화를 얻고, 모든 여래의 얻기 어렵고 알기 어려운 열 가지 힘을 얻고, 보현보살의 행이 원만한 경계에 들어가게 되기 때문이다.

보살이 법계에 자재한 큰 삼매에 머물러서 보살의 행과 원으로 온 세상을 교화하고 모든 중생을 제도하여 성숙시키는 광경을 장황한 이야기를 들어 밝혔다. 비유컨대 무열無熱이라는 청량한 큰 연못에 사방으로 네 개의 큰 어귀가 있고 그 어귀마다 한량없는 물이 흘러나와 온 세상을 적시는 모습과 같다고 하였다. 또 필자는 마치 큰 우주가 하늘에서 소용돌이치면서 돌아가는 모습과 유사하다고 하였다. 이러한 그림은 보살이 자나 깨나 앉으나 서나 잊지 못하는 꿈이며 희망이다. 보살의 희망이 얼마나 장대한가. 무한한 능력을 가지고도 어리석고 미혹하여 고통 속에서 허덕이는 중생들을 교화하기 위한 보살의 뜨거운 마음과 원대한 꿈을 느끼게 하는 매우 위대한 비유였다.

(6) 두 가지 행行에 걸림이 없음을 나타내어 맺다

佛_불子_자야 菩_보薩_살摩_마訶_하薩_살이 雖_수能_능於_어定_정에 一_일念_념入_입出_출이나

而_이亦_역不_불廢_폐長_장時_시在_재定_정하고 亦_역無_무所_소着_착하며

"불자여, 보살마하살이 비록 능히 선정에 잠깐 동안에 들고 나고 하면서도 또한 오랫동안 선정에 있는 일을 폐하지도 않고 또 집착하지도 않느니라."

보살이 법계에 자재한 큰 삼매에 머물러서 보살의 행과 원으로 온 세상을 교화할 때 반드시 상대적인 두 가지 행行에 걸림이 없어야 함을 밝혔다. 두 가지 행이란 무엇이든 서로 반대되는 상대적인 행이다.

예컨대 법계에 자재한 큰 삼매에 머무는 보살은 비록 능

히 선정에 잠깐 동안에 들고 나고 하면서도 또한 오랫동안 선정에 있는 일을 폐하지도 않고 집착하지도 않는다. 만약 잠깐 동안 선정에 들고 나기만 하고 오랫동안 머물지 못한다거나 또는 그 선정에 집착을 한다면 그것은 치우친 행이 된다. 곧 중도적인 원융한 보살의 선정행이 못 된다는 뜻이다. 만약 순간 출입에 치우치거나 집착하거나 또는 오랫동안 선정에만 있다면 그것은 치우친 선정이 되기 때문이다. 그러므로 보살은 순간순간 선정에 들고 나면서 또한 오랫동안 선정에 머물기도 하는 것이다.

수 어 경 계   무 소 의 주   이 역 불 사 일 체 소 연
雖於境界에 **無所依住**나 **而亦不捨一切所緣**하며

"비록 경계에 대하여 의지하지 않지마는 또한 모든 반연을 버리지도 않느니라."

보살이 법계에 자재한 큰 삼매에 머물러서는 필요에 따라 때로는 경계에 의지하기도 하고 때로는 모든 반연하는 바의 경계를 버릴 줄도 알아야 한다. 이것이 보살의 경계에

대한 치우치지 않는 중도적 행이다. 그래서 보살은 상대적인 두 가지 행行에 걸림이 없음이 되는 것이다.

雖善入刹那際나 **而爲利益一切衆生**하야 **現佛神通**하야 **無有厭足**하며
수 선 입 찰 나 제   이 위 이 익 일 체 중 생   현 불 신 통   무 유 염 족

"비록 찰나의 경계[刹那際]에까지 잘 들어가지마는 일체 중생을 이익하게 하기 위하여 부처님의 신통을 나타내기에 싫어하거나 만족함이 없느니라."

보살이 법계에 자재한 큰 삼매에 머물러서는 찰나적인 삶을 살 수도 있지만 또한 중생의 이익과 행복을 위해 부처님이 나투신 온갖 신통변화를 나타내며 오래오래 싫어하지 않고 살아가는 것이다. 보살이 찰나의 경계[刹那際]에까지 잘 들어간다는 그 찰나는 차나叉拏라고도 음역한다. 일념一念이라고도 하는데 지극히 짧은 시간이다. 120찰나가 1달찰나怛刹那이고, 60달찰나가 1랍박臘縛이고, 30랍박이 1모호율

다牟呼栗多이고, 30모호율다가 1주야晝夜이므로, 1주야인 24시간을 120×60×30×30으로 나눈 것이니, 곧 75분의 1초秒가 된다. 보살은 이와 같이 짧은 시간을 살 수도 있고 길고 긴 세월을 살 수도 있다. 이것이 또한 보살의 시간에 대한 중도적 능력이다.

수 등 입 법 계　　이 부 득 기 변
雖等入法界나 **而不得其邊**하며

"비록 법계에 평등하게 들어가지마는, 그 끝닿은 데를 얻지 못하느니라."

법계는 실은 모든 우주 전체다. 그래서 어떤 끝닿은 경계가 없기 때문에 들어가고 나갈 것이 따로 없다. 그러나 보살은 들어가고 나감이 없는 법계에 평등하게 들어간다. 이것이 중도적 들어감이다.

수 무 소 주 무 유 처 소　　이 항 취 입 일 체 지 도
雖無所住無有處所나 **而恒趣入一切智道**하야

이 변 화 력　　　　보 입 무 량 중 생 중 중　　　　구 족 장 엄
以變化力으로 **普入無量衆生衆中**하야 **具足莊嚴**
일 체 세 계
一切世界하며

"비록 머무는 데도 없고 처소도 없지마는, 일체 지혜의 길에 항상 들어가며, 변화하는 힘으로 한량없는 중생들 가운데 널리 들어가서 일체 세계를 구족하게 장엄하느니라."

보살이 법계에 자재한 큰 삼매에 머물면 어떤 고정된 처소나 머무는 데가 없다. 그러나 일체 지혜의 길에 항상 들어간다. 처소가 없고 머무는 데가 없다고 해서 결코 목석이 아니다. 활발발하게 살아 있기 때문에 변화의 힘으로 한량없는 중생들 속에 들어가서 온 세상을 아름답게 장엄한다. 이와 같은 삶이 진정한 보살의 중도적 삶이다. 평생을 은둔하면서 제일가는 수행자라고 하는 치우친 삶은 결코 바람직한 대승 보살의 삶이 아니다. 80노구를 이끌고 한 가지 이치라도 깨우쳐 주려고 뜨거운 인도의 흙길을 쉼 없이 걸어 다니신 세존의 삶이야말로 머물 곳이 없는 데서 일체 지혜의 길에

들어가고, 한량없는 중생들 가운데 들어가서 세상을 아름답게 장엄한 보살의 삶이다.

> 수리세간전도분별 초과일체분별지지
> **雖離世間顚倒分別**하야 **超過一切分別之地**나
> 역불사어종종제상
> **亦不捨於種種諸相**하며

"비록 세간의 뒤바뀐 분별을 여의어 모든 분별하는 자리에서 뛰어났지마는 또한 갖가지 모양을 버리지도 않느니라."

보살은 삼매의 힘으로 세간의 뒤바뀐 분별을 떠나고 일체 분별에서 뛰어났다. 그러면서 또한 가지가지 온갖 차별한 현상을 버리지 않는다. 즉 온갖 차별한 현상에 더불어 있으면서 그 전도된 차별을 초월하여 있는 것이 보살의 능력이다. 이것이 또한 중도다.

수능구족방편선교   이구경청정
雖能具足方便善巧나 **而究竟清淨**하며

"비록 방편의 교묘함을 구족하였지마는 구경까지 청정하니라."

삼매에 머무는 보살은 중생을 제도하는 교묘한 방편을 구족하였으나 구경까지 텅 비어 청정하다. 즉 철저히 텅 비었으면서 중생을 제도하는 교묘한 방편을 마음껏 구사한다.

수불분별보살제지   이개이선입
雖不分別菩薩諸地나 **而皆已善入**하나니

"비록 보살의 여러 지위를 분별하지 않지마는 모두 이미 잘 들어갔느니라."

보살의 지위란 십신, 십주, 십행, 십회향, 십지, 등각, 묘각 등이다. 이러한 지위에 일일이 다 들어갔어도 결코 이와 같은 것을 분별하지 않는다. 이것이 보살이 지위에 들어감

없이 들어간 것이며, 들어갔으되 들어감이 없는 것이다.

佛子_야 譬如虛空_이 雖能容受一切諸物_{이나} 而離有無_{인달하야} 菩薩摩訶薩도 亦復如是_{하야} 雖普入一切世間_{이나} 而離世間想_{하며}

"불자여, 비유하자면 마치 허공이 비록 모든 물건을 포용하여 받아들이지마는 '있다.' '없다.' 함을 여의었듯이, 보살마하살도 그와 같아서 비록 모든 세간에 널리 들어가지마는 세간이라는 생각을 여의었느니라."

일체 만물은 허공 속에 존재한다. 허공 속에 존재하면서 '있다.' '없다.'로 나누어지지만 허공은 '있다.' '없다.'라는 분별을 하지 않는다. 만물이 있고 없음에 허공은 무심할 뿐이다. 삼매에 머문 보살은 세상의 중생을 제도하기 위해서 세상 속으로 들어가지만 세상이니 중생이니 하는 분별을 하지 않고 세상에서 멀리 떠나 있다. 즉 세상에 있으면서 세상을 떠나 있고, 세상을 떠나 있으면서 세상에 있는 것이 보살이다. 허공이 일체 만물에 있는 것과 같다. 이것이 보살이 세상에 머무는 모습이다. 아래의 법문은 보살이 허공과 일체 만물의 관계와 모두 같음을 밝힌 것이다.

<small>수 근 도 일 체 중 생　　이 리 중 생 상</small>
雖勤度一切衆生이니 **而離衆生想**하며

"비록 일체 중생을 부지런히 제도하지마는 중생이란 생각을 여의었느니라."

보살은 일체 중생을 부지런히 제도하지만 중생이라는 생각을 멀리 떠났다. 그래서 중생을 텅 비어 공한 것으로 보기도 하고, 또는 본래 부처인 줄로 보기도 한다. 그러면서 한편으로는 중생을 제도하는 데 모든 것을 다 바친다.

수 심 지 일 체 법 　　이 리 제 법 상
雖深知一切法이나 **而離諸法想**하며

"비록 모든 법을 깊이 알지마는 여러 가지 법이란 생각을 여의었느니라."

삼매에 머문 보살은 앞에서 세상을 보고 중생을 보듯이 일체 법에 대해서도 그렇다. 즉 일체 법을 깊이 알지마는 일체 법에 대한 생각을 멀리 떠났다. 떠나 있으면서 모든 법에 모르는 것이 없다.

수 락 견 일 체 불 　　이 리 제 불 상
雖樂見一切佛이나 **而離諸佛想**하며

"비록 모든 부처님 뵈옵기를 좋아하지마는 부처님이란 생각을 여의었느니라."

삼매에 머문 보살이 부처님을 보는 것도 그와 같아서 비록 모든 부처님 뵈옵기를 좋아하지만 부처님이란 생각을 멀리 떠났다. 그러면서 누구보다도 열심히 부처님을 친견한다. 이와 같아야 제대로 부처님을 친견하는 것이 된다. 마치 허공이 일체 만물을 수용하듯이 한다.

^{수 선 입 종 종 삼 매} ^{이 지 일 체 법 자 성 개 여}
雖善入種種三昧나 **而知一切法自性皆如**하야

^{무 소 염 착}
無所染着하며

"비록 여러 가지 삼매에 잘 들어가지마는 일체 법의 자성이 모두 여여如如하여 물들 것이 없는 줄을 아느니라."

보살이 열 가지 삼매에 잘 들어갔으나 일체 법은 그 자성이 모두 여여한 진여다. 여여한 진여에 무슨 물이 들며 무슨 집착이 있겠는가. 또한 열 가지 삼매에 들어갔느니 삼매에서 일어났느니 할 것이 있겠는가. 참사람이며, 참나이며, 참마음인 진여자성은 언제나 여여한 삼매다. 비록 지옥, 아귀, 축생으로 돌아다녀도 여여한 삼매를 떠날 수 없다. 만약 떠나 있으면 그것은 진정한 삼매가 아니다.

수이무변변재   연무진법구   이심항주이
雖以無邊辯才로 **演無盡法句**나 **而心恒住離**
문자법
文字法하며

"비록 그지없는 변재로 다함없는 법문을 연설하지마는 마음은 항상 문자를 떠난 법에 머무느니라."

비록 아무리 화엄경 공부를 많이 해서 화엄경 강설 책을 출판하였더라도 마음은 공부를 했다는 것에서 멀리 떠나 있어야 하고, 책을 출판했다는 것에서 떠나 있어야 한다. 마음은 언제나 텅 빈 백지여야 한다. 그래야 비로소 화엄경에 백만 분의 일이라도 근접했다고 할 수 있을 것이다.

소설 『손오공』에서 삼장법사三藏法師가 죽을 고비를 무수히 넘기면서 인도에 가서 불경佛經을 많이 구해 장안에 다 이르러 마지막으로 강가에서 잠깐 쉬는데 갑자기 바람이 불어 불경이 다 날아가 버렸다. 불경이 강가에 이리저리 흩어져 있는데 그 책들을 주워 보니 글자가 한 자도 없었다. 삼장법사도, 손오공도, 저팔계도, 사오정도 모두 놀라 자빠져 버린다. 도대체 이 화두는 무슨 청천벽력과 같은 소식인가.

마음은 항상 문자의 법을 떠나 있으면서 그지없는 변재로 다함 없는 법을 연설해야 하고, 화엄경을 더욱 열심히 천착하여 강설 책을 무진장으로 출판해서 세상을 온통 화엄경으로 가득 채워야 할 것이다. 그리고 삼장법사는 다시 인도에 가서 글자가 있는 경전을 구해 와야 할 것이다. 이것이 보살이 세세생생 할 일이며 희망이자 꿈이다.

雖樂觀察無言說法_{이나} 而恒示現淸淨音聲_{하며}

"비록 말이 없는 법을 관찰하기를 좋아하지마는 청정한 음성을 항상 나타내 보이느니라."

유마거사가 비야리성에서 입을 닫고 불이법문不二法門을 드러내기를 좋아하면서도 한편 아름답고 청아한 음성과 소리만이라도 듣고 싶어 하는 그와 같은 말씀으로 법문을 설해야 할 것이다. 보살이 이 두 가지 면을 잊어버리고 한 곳에 치우친다면 진정한 보살이 아니다.

수 주 일 체 이 언 법 제   이 항 시 현 종 종 색 상
雖住一切離言法際나 **而恒示現種種色相**하며

"비록 일체 말[言]을 떠난 법의 경계에 머물지마는 가지각색의 모양을 항상 나타내느니라."

일체 말[言]을 떠난 법의 경계에 머문다는 것은 역시 유마거사가 비야리성에서 입을 다물고 불이법문을 설하는 소식이다. 정작 그는 입을 닫고 말이 없으면서 육신의 병고를 보여서 온갖 이치를 드러내 보인 것이다.

수 교 화 중 생   이 지 일 체 법 필 경 성 공
雖敎化衆生이나 **而知一切法畢竟性空**하며

"비록 중생을 교화하지마는 일체 법이 끝까지 그 성품이 공空한 줄을 아느니라."

보살은 오로지 중생을 교화하는 것으로 그 삶을 삼는다. 그러나 중생이 실재한다고 생각하면 그것은 보살의 견해가 아니다. 일체 법이 끝까지 그 성품이 텅 비어 공하다는

사실을 알아야 한다. 텅 비어 공한 줄 알고 열심히 중생을 교화하는 것이다. 이것이 중도적인 중생 교화다.

雖勤修大悲_{수근수대비}하야 度脫衆生_{도탈중생}이나 而知衆生界_{이지중생계}가
無盡無散_{무진무산}하며

"비록 부지런히 대자비大慈悲를 닦아 중생을 제도하지마는 중생세계가 다하지도 않고 흩어지지도 않는 줄을 아느니라."

중생무변서원도衆生無邊誓願度. 보살은 중생이 아무리 많더라도 그 중생들을 다 제도하려고 서원한다. 그것이 보살의 큰 자비며 큰 서원이다. 그러나 중생은 결코 다하지 않는다. 중생이 다하지 않는 줄을 잘 알지만 세세생생 중생을 제도하면서 사는 것이 보살의 삶이다.

수요달법계   상주불변   이이삼륜   조
雖了達法界가 常住不變이나 而以三輪으로 調
복중생   항불휴식
伏衆生하야 恒不休息하며

"비록 법계가 항상 머물러 변하지 않는 줄을 알지마는 세 가지 바퀴[三輪]로 중생을 조복시키기를 항상 쉬지 아니하느니라."

세 가지 바퀴[三輪]란 삼전법륜三轉法輪이다. 시전示轉 · 권전勸轉 · 증전證轉인데 석존이 세 번 4제諦의 교敎를 말씀한 것이다. '시전'이란 이것은 고苦, 이것은 집集, 이것은 멸滅, 이것은 도道라고 그 모양을 보인 것이다. '권전'이란 고苦를 알라, 집集을 끊으라, 멸滅을 증득하라, 도道를 닦으라고 권한 것이다. '증전'이란 석존이 스스로 고를 알아 집을 끊고, 멸을 증득하려고 도를 닦은 것을 보여 다른 이들로 하여금 증득케 하는 것이다. 보살은 법계가 항상 머물러 변하지 않는 줄을 알지마는 이러한 삼륜三輪으로 중생을 조복시키기를 결코 쉬지 않는다.

雖常安住如來所住나 而智慧淸淨하야 心無怖畏하고 分別演說種種諸法하야 轉於法輪하야 常不休息이니라

"비록 여래의 머무신 곳에 항상 머물지마는 지혜가 청정하고 마음에 두려움이 없으며 갖가지 법을 분별하고 연설하여 법륜 굴리기를 항상 쉬지 아니하느니라."

보살이 삼매의 힘으로 이미 여래가 머무시는 곳에 머문다면 더 이상 무엇이 필요하겠는가. 그와 같은 경지에 머무르면서 다시 지혜는 청정하고 마음은 두려움이 없으며 가지가지 법을 연설하여 법륜 굴리기를 쉬지 않는다. 이것이 보살의 일상이다. 달리 무슨 일이 또 있겠는가.

佛子야 是爲菩薩摩訶薩의 第九法界自在大

삼매선교지
三昧善巧智니라

"불자여, 이것이 보살마하살의 제9 법계에 자재한 큰 삼매의 교묘한 지혜이니라."

보살이 세상에 나아가서 중생을 제도하는 보살의 행을 하되 서로 상반되는 두 가지 행行에 걸림이 없는 행을 해야 비로소 원융하고 중도적인 보살행을 행하는 것이 된다. 중생 제도뿐만 아니라 사대육신을 가지고 이 세상에서 삶을 영위하는 일에는 사물과 사건에 대한 바른 견해를 가지고 어디에도 치우치지 않고 두 가지 상반된 입장을 다 이해하고 다 수용하는 것이 꼭 필요하다.

여기까지 보살마하살의 아홉 번째 법계에 자재한 큰 삼매의 교묘한 지혜를 설해 마쳤다.

부언 附言

 영명연수(永明延壽, 904~975)선사는 평생 동안 불교를 공부하여 종경록宗鏡錄과 만선동귀집萬善同歸集 등으로 정리하였는데 특히 만선동귀집의 결론으로 42개의 게송을 남겼다. 그것은 곧 만선동귀중도송萬善同歸中道頌이다. 어떻게 불교를 실천할 것인가에 대한 답이다. 앞의 화엄경 경문과 그 뜻이 매우 일치하는 점이 있어서 여기에 소개하여 참고하게 한다.

1. 보리무발이발菩提無發而發

보리심은 발함이 없이 발하라.

 불교에서는 제일 먼저 보리심을 발하여 도를 구하고 수

행을 하여 일체 지혜를 증득하고 중생을 교화한다. 그러나 실은 그 보리심은 발함이 없이 발하며, 발하되 또한 발함이 없는 것이다. 이 게송을 "모든 선행[수행]은 다 같이 중도에 돌아간다[萬善同歸中道頌]."라고 명명한 뜻이 이것이다.

2. 불도무구이구佛道無求而求

불도佛道는 구함이 없이 구하라.

불도를 구하되 구함이 없이 구하며, 세세생생 구하더라도 또한 구함이 없는 것이 불도이다. 비록 구함이 없더라도 일체 난행과 고행으로 부지런히 구해야 하는 것이다.

3. 묘용무행이행妙用無行而行

아름다운 작용은 행함이 없이 행하라.

아름다운 행동은 행하더라도 행하는 바가 없이 행하는 것이다. 아무리 세상에 도움이 되는 행을 했다 하더라도 생

색을 내거나 흔적을 남기거나 자랑을 늘어놓으면 그것은 아름다운 행이 못 된다. 하물며 수행을 하거나 중생을 교화하는 일이야 말해 무엇하겠는가. 금강경에 "만약 보살이 어떤 상이라도 상이 있으면 곧 보살이 아니다."라고 하였다.

4. 진지무작이작眞智無作而作

참다운 지혜는 지음이 없이 지으라.

불교 수행의 최종 단계는 참다운 지혜, 즉 일체 지혜를 얻는 데 있다. 일체 지혜를 얻어서 그 지혜로 중생을 제도한다. 참다운 지혜를 얻는 데는 수행이라는 지음이 있어야 하는데 그 지음은 곧 지음이 없는 지음이다. 짓되 지음이 없어야 한다.

5. 흥비오기동체興悲悟其同體

불쌍한 생각을 일으키되 자신과 동체임을 깨달으라.

참다운 지혜를 얻어서 중생을 제도하는 데는 고통에 빠져 있는 중생을 불쌍하게 생각하는 마음을 일으켜야 한다. 중생을 불쌍하게 여기는 그 마음이 없으면 설사 일체 지혜를 얻었다 하더라도 중생을 제도하지 못한다. 보살이 반드시 갖춰야 할 마음이다. 그런데 그 마음은 일체 중생이 자기 자신과 한몸이라는 사실을 절실하게 깨닫는 데서 일어나는 것이다.

6. 행자심입무연 行慈深入無緣

사랑을 행하되 인연이 없는 곳까지 깊이 들어가라.

보살이 중생을 제도하는 데는 불쌍하게 여기는 마음과 함께 또한 중생을 사랑하는 마음이 있어야 한다. 사랑을 실천하되 자기 자신과 인연이 전혀 없는 사람에게까지 깊이 들어가야 한다. 자기 자식이나 가까운 인연을 사랑하는 것은 누구나 하는 일이다. 심지어 동물들도 다 한다. 보살은 사람을 사랑하되 자기와 전혀 인연이 없는 사람에게까지 이르러야 한다.

7. 무소사이행단 無所捨而行檀

베푸는 바 없이 보시를 행하라.

이제부터는 보살의 필수 수행 덕목인 육바라밀을 실천하는 내용이다. 첫째, 보시를 행하되 베푸는 바 없이 행하는 것이다. 흔히 무주상無住相보시라고도 한다. 보살이 보시를 행하고 상을 내면 보살이 아니지만 만약 상을 내지 않고 보시를 행하면 그 복이 무량무변하다.

8. 무소지이구계 無所持而具戒

가지는 바 없이 계행을 갖추라.

다음은 지계다. 가지는 바 없이 계행을 갖추어야 한다. 계행을 잘 지킨다고 하면서 온 동네방네 소문을 내고 사람들로부터 존경과 공양 받기를 바란다면 그것은 계행을 지키는 것이 아니라 오히려 파계가 된다. 가지는 바 없이 계행을 갖추라.

9. 수진요무소기 修進了無所起

정진을 닦되 일으키는 바 없음을 깨달으라.

다음은 정진이다. 정진을 닦되 그 정진을 일으키는 바가 없음을 알아야 한다. 정진을 한다고 시간과 날짜를 계산하거나 안거증安居證을 모으는 재미로 정진을 한다면 그것이 무슨 정진인가. 부디 일으키는 바 없이 정진을 하라.

10. 습인달무소상 習忍達無所傷

인욕을 익히되 상처받는 바가 없음을 알라.

다음은 인욕이다. 인욕을 익히되 아픔이나 상처나 어려움을 견디면서 인욕을 익히는 것이 아님을 깨달아야 한다. 어떤 고통과 어려움을 참아내더라도 일상에서 호흡을 하듯이 하는 줄도 모르는 상태에서 인욕을 닦는 것이다.

11. 반야오경무생 般若悟境無生

지혜는 경계가 생멸이 없음을 깨닫는 것이다.

반야바라밀, 즉 지혜다. 무엇이 지혜인가. 우리가 일상에 상대하는 일체 경계는 모두가 생멸을 거듭하고 있다. 사물이 그렇고, 사건이 그렇다. 현상에 생멸하지 않는 것은 없다. 그러나 일체 존재의 실상인 텅 비어 공한 자리에서 보면 모든 것이 불생불멸이며, 불구부정이며, 부증불감이다. 이러한 존재의 실상을 알아 어떤 경계에도 집착하거나 흔들리지 않는 것이 곧 지혜다. 지난밤 꿈속에서 겪었던 영고성쇠와 희로애락에 무슨 마음이 흔들릴 것인가.

12. 선정지심무주 禪定知心無住

선정에 드는 것은 마음이 어디에도 머물지 않음을 아는 것이다.

다음은 선정이다. 선정을 바로 깨달은 사람은 누구나 사람의 마음이 한 곳에 머물러 있지 않는다는 것을 안다. 본래로 머무는 바가 없는 마음을 왜 한 곳에 붙들어 매는가. 붙들어 맨다고 해서 그것이 한 곳에 머물러 있던가. 만고에 그런 일은 없다.

13. 감무신이구상鑑無身而具相

이 몸이 본래 없음을 관찰하되 온갖 상호를 갖춘다.

몸을 가지고도 본래로 몸이 공하여 없다는 것을 꿰뚫어 보되 온갖 모양새를 내며 형식을 갖춘다. 관자재보살은 세상에서 가장 비싸고 귀한 보석을 온몸에 친친 감고 있으면서 눈도 귀도 코도 혀도 몸도 뜻도 모두 없으며, 물질도 소리도 향기도 맛도 감촉도 법도 또한 모두 없다고 하였다. 철저하게 없는 줄을 알되 갖춰야 할 모양과 형식을 누구보다 잘 갖춘 이가 관자재보살이다. 그래서 관찰하는 것이 자유자재하다고 하였다. 이것이 있음과 없음에 치우치지 않은 중도정견中道正見의 삶이다.

14. 증무설이담전 證無說而談詮

설할 것이 없음을 깨달아 알고 법을 설하라.

본래 아무것도 설명할 것이 없는 이치를 깨달아 알면서 온갖 이치를 남김없이 설한다. 그래서 팔만장경을 설하고도 "한 글자도 설한 바가 없노라."라고 하신 것이다. 실로 팔만장경을 다 설하면서도 본래로 한 글자도 설할 것이 없음을 알아야 한다. 그러면서 한편으로는 장광설을 펼쳐서 중생들을 깨우쳐야 한다.

15. 건립수월도량 建立水月道場

물에 비친 달그림자와 같은 도량을 건립하라.

절을 짓고 선원을 세우고 포교당을 마련하되 그 모두가 물에 비친 달그림자와 같이 헛것인 줄을 잘 알아야 한다. 그래서 온갖 불사는 모두 물에 비친 달그림자에 불과하다. 축원문에도 수월도량 水月道場이라 하지 않던가. 이 몸도 그렇거

늘 이 몸 밖에 있는 수행 도량이야 말해 무엇하겠는가. 그렇게 알면서 한편 열심히 도량을 건립해야 하는 것이 또한 이 도리이다.

16. **장엄성공세계**莊嚴性空世界

본성이 공적한 세계를 잘 장엄하라.

우리가 사는 이 세계는 그 본성이 텅 비어 공한 것이다. 어떤 고정된 실체도 없다. 그렇다고 해서 우리가 사는 모든 환경을 아무렇게나 할 수 있겠는가. 잘 가꾸고 다듬고 아껴 가면서 후손들에게 물려 주어야 한다. 이것이 성품이 공한 세계를 장엄하는 일이다. 그렇다고 해서 세계가 실재한다고 생각해서는 안 된다.

17. **나열환화공구**羅列幻化供具

환영과 같은 공양구를 부처님 앞에 나열하라.

부처님 앞에 산더미와 같은 공양구를 올리는 것은 모두 실재하지 않는 마술로 변화하여 만든 것이다. 그러나 그와 같은 마술로 만든 거짓 공양구라도 산처럼 높이 쌓아 정성을 다해 올려야 한다. 만약 마술로 만든 거짓 공양구라고 하여 소홀히 한다면 그것은 존재의 바른 이치를 모르는 소리이다. 이것이 공양구에 대한 바른 견해다.

18. 공양영향여래供養影響如來

그림자와 같고 메아리와 같은 여래에게 공양하라.

마술로 만든 헛된 공양구를 그림자 같고 메아리 같은 여래에게 정성을 다해서 공양 올리는 것이다. 만약 공양구나 여래가 모두 고정된 실체가 있어서 그것에 공양한다면 그것은 치우친 견해다. 이것이 부처님께 공양 올리는 바른 마음이다. 만약 그림자와 같고 메아리와 같은 여래라고 하여 공양을 올리지 않는다면 그것 또한 잘못된 견해다.

19. 참회죄성본공 懺悔罪性本空

죄의 성품이 본래로 공하다는 사실을 알고 참회하라.

죄의 자체 성품은 본래로 텅 비어 공한 그것을 참회한다. 만약 죄가 본래로 텅 비어 공하다고 하여 참회하지 않는다면 그것은 중도의 바른 견해가 아니다. 치우친 소견이다. "죄는 그 자체 성품이 없고 마음으로부터 일어나는 것이다. 그러므로 마음이 만약 소멸하면 죄도 또한 없어진다. 죄가 없어지고 마음도 소멸하여 두 가지가 텅 비어 공하면 이것이 참다운 참회다."[1]라고 하였다.

20. 권청법신상주 勸請法身常住

법신이 오래오래 상주하기를 권청하라.

부처님의 법신은 본래로 영원히 상주하는 것이다. 언제 태어난 바도 없고 소멸하여 없어지는 바도 없다. 그렇다면

---

1) 罪無自性從心起 心若滅時罪亦亡 罪亡心滅兩俱空 是卽名爲眞懺悔.

구태여 부처님의 법신이 상주하기를 청할 필요가 없지 않은가. 그러나 그것이 아니다. 부처님의 법신이 영원히 상주하는 것을 잘 알면서 영원히 함께 계시기를 청하는 것이다. 이것이 법신에 대한 올바른 견해다.

21. 회향요무소득 迴向了無所得

선근을 회향하되 얻을 바가 없음을 깨달으라.

보살의 삶은 선근을 닦아서 일체 중생에게 회향하는 것이다. 그러므로 불법은 회향이고 회향이 불법이다. 그러나 아무리 많은 선근을 회향하더라도 그 회향이 결과적으로 얻을 바가 없음을 깨달아 안다. 얻을 바가 없음을 알면서 열심히 선근을 닦아 회향하는 것이 진정한 회향이다.

22. 수희복등진여 隨喜福等眞如

본래로 복덕이 진여와 동등함을 따라서 기뻐하라.

모든 사람 모든 생명의 복은 궁극에 진여와 동등하다. 그렇다면 진여의 양은 얼마나 되는가. 이 우주법계가 그대로 진여이다. 따라서 모든 사람 모든 생명이 본래로 가진 복도 그대로 이 우주법계와 같다. 그렇다면 굳이 따라서 기뻐할 것이 없지 않은가. 아니다. 복이 진여와 같고 우주법계와 같기 때문에 따라서 기뻐하는 것이다.

23. 찬탄피아허현讚歎彼我虛玄

너와 내가 텅 비고 현묘하다는 것을 찬탄하라.

주관이나 객관이나, 너나 나나, 남이나 자신이나, 아我나 법法이나 모두가 텅 비었으면서 아득하고 오묘하다. 그 실체를 무엇이라고 확정하여 표현할 수 없는 불가사의한 존재다. 실로 존재하는 것인가, 존재하지 않는 것인가, 공한 것인가, 있는 것인가? 실로 그 까닭을 알지 못하겠다. 그와 같은 존재이기에 더욱 찬탄하는 것이다.

24. 발원능소평등發願能所平等

주관과 객관이 평등하기를 발원하라.

어떤 일에도 원하는 바는 있다. 불교에서의 발원은 궁극에 부처님과 중생이 평등해지기를 발원하는 것이다. 만약 중생이 부처님과 평등해졌다면 다시 무엇을 더 기대하겠는가. 그러나 실은 본래부터 부처님과 중생은 평등한 존재다. 그래서 "마음과 부처와 중생, 이 셋은 차별이 없다[心佛及衆生 是三無差別]."라고 한 것이다. 이러한 진실을 깨닫는 것이 불교 수행의 궁극이다.

25. 예배영현법회禮拜影現法會

그림자와 같이 나타난 법회에 예배하라.

불교의 역사 2600여 년 동안 석가세존 당시로부터 지금까지 무수한 법회가 있어 왔다. 불교는 수행공동체이기 때문이다. 석가세존을 직접 우러러보면서, 혹은 부처님을 대신한 선지식을 의지하면서 오랜 세월 얼마나 많은 법회가 있었던가. 그와 같은 무수한 법회마다 뜨거운 신심을 가슴에 안고 환희 동참하여 예배 공양하는 일이 불법 수행이다. 그러나 그것은 영상처럼 나타난 법회[影現法會]이다. 어디에도 언제도 실재하는 법회는 없었다. 영상처럼 나타난 법회라는 사실을 깊이 알고 더욱 열심히 예배하고 정진하는 것이다.

26. 행도족섭허공行道足躡虛空

길을 가되 그 발은 허공을 밟는다.

길을 간다는 행도行道란 길을 가는 것에서부터 불상을 돌고, 탑을 돌고, 법당을 도는 등의 수행법이다. 요불繞佛 요탑繞塔을 하려면 길을 가기 때문에 행도라고 한다. 행선行禪도 그것에 해당한다. 그런데 땅을 밟아야지, 허공을 밟으면서 어찌 길을 가고 불상을 돌고 탑을 돌고 법당을 돌 수 있겠는가. 반대로 만약 행도를 하면서 땅을 밟는다면 그것이 또한 어찌 행도가 되겠는가. 허공을 밟으면서 길을 가고 불상을 돌고 탑을 돌고 법당을 돌아야 진실로 행도를 하는 것이다. 중도의 이치는 언제나 모순으로 여겨지지만 그 모순처럼 들리는 것이 바른 길이다. 중도정견은 세속적 논리와 안목으로는 언제나 모순처럼 들린다. 일체 만선萬善은 모두 중도의 이치에 돌아가야 참다운 선행이 되기 때문이다.

27. 분향묘달무생焚香妙達無生

향을 사르며 생멸이 없는 이치를 깨닫는다.

향을 사르는 분향焚香도 부처님께 공양 올리는 훌륭한 수행이다. 분향은 사찰이나 그 외 다른 종교의 성전에서도 흔히 행해지는 의식이다. 향을 사르면 나쁜 냄새가 제거되고, 머리가 맑아지고, 따라서 몸도 정화된다. 그래서 정신이 맑고 몸도 가벼우며 무엇보다 전체적으로 청량한 기분을 누리게 되어 집중과 몰입이 잘된다. 그래서 기도를 하거나 선정을 닦거나 독경을 하거나 부처님께 예배를 드릴 때 반드시 향을 피우게 된다. 이와 같은 유익한 점이 있어서 향을 사르는데, 순식간에 연기로 사라지고 마는 향을 사를 때 반드시 생멸이 없는 이치를 깊이 통달하여야 한다. 즉 순간의 생멸을 보며 영원히 생멸이 없는 이치를 깨닫는다는 뜻이다.

28. 송경심통실상誦經深通實相

경전을 독송하는 것은 일체 법의 실상을 깊이 통달하는 것이다.

만 가지 선행은 모두 다 중도에 돌아간다[萬善同歸中道頌]는 42게송으로 불법 수행의 여러 방면을 낱낱이 열거하여 모든 수행이 반드시 중도적 관점에서 실천되기를 가르치고 있다. 특히 부처님의 법이 온전히 담겨 있는 경전을 공부한다는 것은 어떤 목적으로 하는 것이며 무엇을 성취하기 위함인가를 분명하게 밝힌 부분이다. 심통실상深通實相, 즉 일체 존재의 진실한 모습을 부처님의 가르침으로 깊이 통달하는 것이 곧 경전을 공부하는 목적이다. 그러므로 화엄경을 공부하는 모든 화엄행자들은 부디 사람과 일체 존재의 실상을 깊이 통달하기를 바란다.

29. 산화현제무착 散華顯諸無着

부처님 앞에 꽃을 올리는 것은 집착이 없음을 나타내는 것이다.

불교에는 일찍부터 부처님께 꽃을 올리는 사례가 있어 왔다. 세존의 전생담前生譚 구리 선녀와 선혜善慧 비구 이야기에서 비롯하여 오늘날까지 부처님 앞에 꽃을 올리는 일은 아름다운 공양이며 수행의 하나로 여겨 오고 있다. 그런데 흩는 꽃이나 꽂아서 올리는 꽃이나 꽃에서는 모두 집착이 없음을 깨닫게 하는 것이다.

30. 탄지이표거진 彈指以表去塵

손가락을 튕기는 것은 먼지 같은 번뇌를 제거하는 것을 표현한다.

사찰에서나 일반 사회에서나 탄지彈指, 즉 손가락을 튕기는 소리를 내는 것은 자신과 다른 사람이 서로를 알리어, 놓고 있던 정신을 바짝 차리게 하는 역할을 한다. 또 혼침과

망상[塵]을 제거하는 일이다. 사람들은 혼자 있으면 정신을 놓고 있지만 앞에 사람이 있으면 그렇지가 않다. 정신을 초롱초롱하게 갖게 된다. 설사 혼자 있더라도 언제나 이와 같이 정신을 놓지 말고 성성적적惺惺寂寂하게 있어야 하는 것이다. 탄지는 죽비와 목탁으로 대신할 수도 있다.

31. 시위곡향도문施爲谷響度門

골짜기에 울리는 메아리와 같은 바라밀을 베풀라.

보살이 중생을 위하여 펼치는 온갖 선근 회향을 바라밀행이라 한다. 석가세존으로부터 역대 많은 보살과 선지식들이 만 중생을 위하여 법을 설하고 노동을 제공하고 온갖 물질을 베푼 일은 그동안 수많은 사람과 생명에게 이루 헤아릴 수 없는 큰 혜택을 주었다. 물론 앞으로도 보살은 세상을 향해 그렇게 하면서 살기 좋은 곳으로 만들어 나간다. 그러나 그 훌륭한 좋은 일은 모두가 골짜기에서 울려 퍼지는 메아리임을 알고 그와 같은 바라밀행을 베풀어야 한다. 메아리는 직접적인 소리도 아니다. 사람이 내는 소리의 또 다른 울림일 뿐이다.

32. 수습공화만행修習空華萬行

허공의 꽃과 같은 만행萬行을 닦으라.

만행에는 육도만행六度萬行을 위시하여 십바라밀과 십선과 사섭법과 사무량심과 인의예지와 온갖 팔만사천 선행이 있다. 보살이 중생을 위하여 닦고 익히는 일은 모두가 만행이다. 그런데 그 만행은 눈에 병이 났을 때 환영처럼 보이는 허공의 헛꽃과 같은 것으로 알고 닦아야 한다. 만약 보시를 하고 계행을 지니고 인욕을 닦고 정진을 하고 선정을 닦았다고 하여 그것이 실재한다고 여긴다면 그것은 큰 잘못이다. 바른 안목이 아니다.

33. 심입연생성해深入緣生性海

인연으로 생멸하는 본성의 바다에 깊이 들어가라.

대승불교가 깨달은 법에는 영원히 변하지 않는 만물의 자성이 있고, 그 자성이 인연을 만나면 천변만화로 변화하면서 생멸한다는 사실이다. 모든 물질이 그렇고 사람의 마음이 그렇다. 마치 바다의 물이 바람을 만나면 파도라는 변화를 일으키지만 그 물의 본성은 영원히 변하지 않는 것과 같다. 본성과 현상의 관계는 이처럼 무엇이나 동일하게 나타난다. 이러한 존재의 법칙에 깊이 들어가서 깨달아 알게 하는 것이 불교의 한 가지 가르침이다.

34. 상유여환법문常遊如幻法門

환영과 같은 법문에서 항상 노닐라.

법문이 만약 환영과 같다면 그곳에서 노닐 까닭이 없다. 그러나 법문이 환영과 같은 줄을 깊이 깨닫고 그곳에서 항상 노니는 것이 진정으로 법문의 실상을 아는 일이다. 만약 법문이 환영과 같다고만 알고 법문 속에서 노닐지 않는다면 그것은 편협한 세속적 견해며 치우치고 잘못된 소견이다.

35. 서단무염진로 誓斷無染塵勞

본래 오염이 없는 번뇌[塵勞]를 맹세코 끊어라.

번뇌에 오염이 없다면 굳이 끊을 필요가 없다. 그런데 만약 번뇌에 오염이 있다면 실은 끊을 수도 없는 것이다. 본래 오염이 없으므로 끊을 수도 있으며 그래서 맹세코 끊기를 서원한다. 그래서 오염이 없는 번뇌를 맹세코 끊으라는 것이다. 이것이 번뇌에 대한 중도적 안목이다. 번뇌를 이와 같이 아는 것은 바른 견해이고, 이와 달리 아는 것은 잘못된 견해이다.

36. 원생유심정토 願生惟心淨土

마음의 정토에 태어나기를 서원하라.

일체유심조 一切唯心造라 하여 "일체는 오직 마음으로 만들었다."라는 말이 있다. 정토淨土든 예토穢土든 모든 것은 오직 그 사람의 마음의 영역 안에서 이뤄진 현상이다. 만선동귀중도송의 저자인 영명연수선사는 법안종法眼宗의 종조이면서 염불종을 창시한 개조開祖이다. 평소에도 염불 수행을 적극적으로 권장하여 모든 사람이 정토에 태어나기를 권장하였다. 그런데 그 정토가 바로 유심정토인 것이다. 만약 정토가 내 마음 안에 있다면 이미 나의 정토인지라 굳이 가서 태어날 것을 서원할 필요가 없지 않은가. 모순 같지만 내 마음 안에 있는 정토에 태어나기를 서원하여 열심히 염불하는 것이 바른 견해를 가진 염불 수행자이다.

37. 이천실제이지履踐實際理地

실제의 진리의 땅[實際理地]을 밟아라.

진리란 이 우주에 가득한 것이다. 그래서 굳이 진리를 피하려야 피할 수 없다. 만약 어느 한 장소, 어느 한 순간이라도 진리가 없다면 그것은 진리가 아니다. 그래서 굳이 진리의 땅을 찾아가서 밟고 말고 할 것이 아니다. 그러나 언제나 자신과 한순간도 떠나 있지 않은 진리의 땅을 반드시 밟도록 정진하여야 한다. 모순 같지만 이것이 또한 바른 견해다.

38. 출입무득관문 出入無得觀門

얼음이 없는 지관止觀의 문으로 출입하라.

초기의 불교 수행은 사마타와 비발사나[위빠사나], 즉 지止와 관觀뿐이었다. 불교에는 오랜 역사 속에서 여러 가지 수행법이 발달하여 왔으나 이 지관 수행은 천태종의 지관법과 함께 특히 남방불교에서 지금까지 많이 행해지고 있다. 그런데 대개의 사람들은 이 수행뿐만 아니라 모든 수행을 통해서 무엇인가 큰 소득이 있을 것을 기대하고 있다. 설사 소득이 있다 하더라도 그것은 얼음이 없는 수행이다. 그러므로 아무리 수행을 하더라도 얼음이 없는 수행의 문에 출입한다는 사실을 잊어서는 안 된다. 만약 얻을 것도 없는 수행을 왜 하느냐고 한다면 그것은 삿된 견해이지 중도의 바른 견해는 아니다.

39. 항복경상마군 降伏鏡像魔軍

거울 속에 비친 그림자와 같은 마군을 항복받아라.

세존의 일생을 팔상성도八相成道라 하여 여덟 가지 모습으로 그리고 있는데 정각을 이루신 장면을 정각을 이뤘다고 표현하지 않고 수하항마樹下降魔라 하여 보리수나무 밑에서 마군을 항복받은 것으로 보여 준다. 그와 같이 수행에는 마군을 항복받는 것이 곧 깨달음으로 대신된다. 그런데 그 마군이라는 것을 어떻게 보아야 하는가. 거울 속에 비친 그림자와 같이 보라는 뜻이다. 만약 그토록 항복받기 어려운 마군이 거울 속에 비친 그림자와 같아서 실재하지 않는 것이라면 굳이 항복받을 필요가 있을까. 그렇다. 마군을 항복받되 거울 속의 그림자와 같은 것으로 알고 항복을 받으라는 것이다. 그동안 실재하지도 않는 그림자를 보고 싸움을 하느라고 피투성이가 되었던 것이다. 있지도 않은 마군을 항복받으려고 얼마나 많은 밤을 지새우며 싸움을 벌였던가. 세존도 그리고 그 많은 수행자들도 그림자를 쫓아가는 헛수고였던 것이다.

40. 대작몽중불사 大作夢中佛事

꿈속의 불사를 크게 일으키라.

불교에는 중생 제도라는 불사와 보살 만행이라는 불사와 불상을 만들고 법당을 건립하는 등의 무수히 많은 불사가 있다. 실은 불교라는 이름하에 하는 일 중에 불사 아닌 것이 없다. 그런데 그 모든 불사는 모두가 꿈속에서 꿈을 꾸는 일이다. 설사 출가를 하고 고행을 하며 정각을 이루고 법을 설해서 중생을 제도한다 하더라도 그것 역시 꿈속의 일이다. 그러나 그 모든 불사가 꿈속의 일이라 하더라도 그 꿈의 불사를 크게 일으켜야 한다. 우리가 하는 일체 불사가 꿈인 줄을 잘 안다면 더욱 열심히 짓는 것이 또한 참다운 불사다. 만약 꿈을 허망한 것이라고 하여 그 허망한 꿈과 같은 불사는 지을 것이 아니라고 주장한다면 그것은 삿된 견해다. 꿈속의 불사인 줄 확실하게 알면서 크게 일으키는 것이 중도적인 바른 견해다.

41. 광도여화함식廣度如化含識

환화幻化와 같은 중생들을 널리 제도하라.

중생무변서원도衆生無邊誓願度. 불교의 목적은 성불이 아니라 중생을 제도하는 일이다. 출가하여 그 숱한 난행과 고행을 하는 것도 중생을 제도하기 위해서다. 그런데 그와 같이 중요한 중생이 참으로 존재하는 것인가. 아니다. 참으로 있다고 여긴다면 그것은 세속적 견해[相見]다. 만약 중생이란 본래로 텅 비어 공한 존재라고 생각한다면 그것은 공견空見이다. 그리고 중생은 중생이 아니라 본래로 부처라고 본다면 그것은 중생의 실상을 바르게 꿰뚫어 보는 중도적 견해[中道見]다. 중생은 중생이 아니요, 또한 텅 비어 공한 것도 아니요, 또한 부처도 아니다. 다만 환영일 뿐이다. 영상일 뿐이며 환화일 뿐이다. 이와 같이 실재하지 않는 환화인 중생을 널리 제도하는 것이 불교의 목적이다. 환화인 중생이 아무리 많더라도 기어이 다 건지리다. 중생 제도는 이렇게 하는 것이다.

42. 동증적멸보리同證寂滅菩提

적멸한 보리를 다 같이 증득하라.

환화와 같은 중생을 제도하여 어디에 이르게 하고자 하는가. 깨달음을 증득하게 하고자 하는 것이다. 그런데 그 깨달음[菩提]이란 과연 실재하는 것인가. 고요하고 고요한 적멸의 보리라고 하였다. 그렇다면 고요하고 고요한 경지가 깨달음의 경지인가. 깨달음의 경지가 고요하고 고요한 경지인가. 너무 따지지 말라. 고요함이 깨어지느니라. 만약 따진다고 해서 고요함이 깨어진다면 그것은 가짜 깨달음이 분명하다. 그렇다면 고요함이 깨어졌는가, 깨어지지 않았는가?

십정품 3 끝

〈제42권 끝〉

華嚴經 構成表

分次	周次		內容	品數	會次
舉果勸樂生信分 (信)	所信因果周		如來依正	世主妙嚴品 第一 如來現相品 第二 普賢三昧品 第三 世界成就品 第四 華藏世界品 第五 毘盧遮那品 第六	初會
修因契果生解分 (解)	差別因果周	差別因	十信	如來名號品 第七 四聖諦品 第八 光明覺品 第九 菩薩問明品 第十 淨行品 第十一 賢首品 第十二	二會
			十住	昇須彌山頂品 第十三 須彌頂上偈讚品 第十四 十住品 第十五 梵行品 第十六 初發心功德品 第十七 明法品 第十八	三會
			十行	昇夜摩天宮品 第十九 夜摩天宮偈讚品 第二十 十行品 第二十一 十無盡藏品 第二十二	四會
			十廻向	昇兜率天宮品 第二十三 兜率宮中偈讚品 第二十四 十廻向品 第二十五	五會
			十地	十地品 第二十六	六會
			等覺	十定品 第二十七 十通品 第二十八 十忍品 第二十九 阿僧祇品 第三十 如來壽量品 第三十一 菩薩住處品 第三十二	七會
		差別果	妙覺	佛不思議法品 第三十三 如來十身相海品 第三十四 如來隨好光明功德品 第三十五	
	平等因果周	平等因		普賢行品 第三十六	
		平等果		如來出現品 第三十七	
托法進修成行分 (行)	成行因果周		二千行門	離世間品 第三十八	八會
依人證入成德分 (證)	證入因果周		證果法門	入法界品 第三十九	九會

(資料：文殊經典研究會)

會場	放光別	會主	入定別	說法別擧
菩提場	遮那放齒光眉間光	普賢菩薩爲會主	入毘盧藏身三昧	如來依正法
普光明殿	世尊放兩足輪光	文殊菩薩爲會主	此會不入定，信未入位故	十信法
忉利天宮	世尊放兩足指光	法慧菩薩爲會主	入無量方便三昧	十住法門
夜摩天宮	如來放兩足趺光	功德林菩薩爲會主	入菩薩善思惟三昧	十行法門
兜率天宮	如來放兩膝輪光	金剛幢菩薩爲會主	入菩薩智光三昧	十廻向法門
他化天宮	如來放眉間毫相光	金剛藏菩薩爲會主	入菩薩大智慧光明三昧	十地法門
再會普光明殿	如來放眉間口光	如來爲會主	入刹那際三昧	等妙覺法門
三會普光明殿	此會佛不放光，表行依解法依解光故	普賢菩薩爲會主	入佛華莊嚴三昧	二千行門
祇陀園林	放眉間白毫光	如來善友爲會主	入獅子頻申三昧	果法門

如天 無比

1943년 영덕에서 출생하였다. 1958년 출가하여 덕흥사, 불국사, 범어사를 거쳐 1964년 해인사 강원을 졸업하고 동국역경연수원에서 수학하였다. 10여 년 선원생활을 하고 1976년 탄허 스님에게 화엄경을 수학하고 전법, 이후 통도사 강주, 범어사 강주, 은해사 승가대학원장, 대한불교조계종 교육원장, 동국역경원장, 동화사 한문불전승가대학 원장 등을 역임하였다.

2018년 5월에는 수행력과 지도력을 갖춘 승랍 40년 이상 되는 스님에게 품서되는 대종사 법계를 받았다. 현재 부산 문수선원 문수경전연구회에서 150여 명의 스님과 300여 명의 재가 신도들에게 화엄경을 강의하고 있다. 또한 다음 카페 '염화실'(http://cafe.daum.net/yumhwasil)을 통해 '모든 사람을 부처님으로 받들어 섬김으로써 이 땅에 평화와 행복을 가져오게 한다.'는 인불사상人佛思想을 펼치고 있다.

저서로 『무비 스님의 유마경 강설』(전 3권), 『대방광불화엄경 실마리』, 『무비 스님의 왕복서 강설』, 『무비 스님이 풀어 쓴 김시습의 법성게 선해』, 『법화경 법문』, 『신금강경 강의』, 『직지 강설』(전 2권), 『법화경 강의』(전 2권), 『신심명 강의』, 『임제록 강설』, 『대승찬 강설』, 『당신은 부처님』, 『사람이 부처님이다』, 『이것이 간화선이다』, 『무비 스님과 함께하는 불교공부』, 『무비 스님의 증도가 강의』, 『일곱 번의 작별인사』, 무비 스님이 가려 뽑은 명구 100선 시리즈(전 4권) 등이 있고 편찬하고 번역한 책으로 『화엄경(한글)』(전 10권), 『화엄경(한문)』(전 4권), 『금강경 오가해』 등이 있다.

대방광불화엄경 강설 제42권

| **초판 1쇄 발행**_ 2016년 6월 24일
| **초판 3쇄 발행**_ 2024년 4월 30일

| **지은이**_ 여천 무비(如天 無比)
| **펴낸이**_ 오세룡
| **편집**_ 박성화 손미숙 윤예지 여수령 허승 정연주
| **기획**_ 곽은영 최윤정
| **디자인**_ 고혜정 김효선 최지혜
| **홍보 마케팅**_ 정성진
| **펴낸곳**_ 담앤북스
　　　서울특별시 종로구 새문안로3길 23 경희궁의 아침 4단지 805호
　　　대표전화 02)765-1250(편집부) 02)765-1251(영업부) 전자우편 dhamenbooks@naver.com
　　　출판등록 제300-2011-115호
| ISBN　979-11-87362-04-3　04220

정가 14,000원

ⓒ 무비스님 2016